Stendel

Ein historischer Märchenroman

Roland Kübler
SINDBAD DER SEEFAHRER

nach alten Quellen neu erzählt

© Copyright by Verlag Stendel
Postfach 1713 · 71307 Waiblingen
Alle Rechte vorbehalten

Titel: unter Verwendung historischer Bilder aus dem 16. Jh.
Illustrationen: unter Verwendung der Originalillustrationen
aus dem Jahre 1865
Satz:Verlag Stendel
Druck: Windhueter, Schorndorf
Bindung: Nething, Weilheim
1. Auflage März 2000
ISBN 3-926789-32-8

Bagdad, Ende des Jahres 189 nach Muhammeds Flucht aus Mekka, im Jahre 812 christlicher Zeitrechnung

Madinat as-Salam, du Stadt des Friedens, was ist aus deiner Pracht geworden? Das Blattgold deiner himmelragenden Minarette haben sie dir abgeschlagen und gestohlen, wie einer billigen Hure allen Tand und Flitter. Die Pforten deiner Paläste sind verschlossen, aller Prunk wurde von marodierenden Banden von den Häusern, Straßen und Plätzen gestohlen, verwüstet oder mit abscheulichen Schmierereien versehen.
Warum hat die Zerstörung stets stärkere Macht, als der Glanz der Vollkommenheit?
Wie konnte es kommen, dass du dich heute nur noch in tristes Schwarz und stumpfes Weiß kleidest?
Wohin ging der Glanz deiner Weisheit?
Wer hat die hellstrahlende Gerechtigkeit verjagt, die Farbenpracht der schönen Künste und die funkelnde Gelehrsamkeit der Wissenschaften?
Wurde deine überwältigende Schönheit und jeder einzelne deiner dreihundertsechzig wehrhaften Türme nicht gerühmt im gesamten bekannten Erdenkreis?
Kreuzten sich in deinem Zentrum nicht alle wichtigen Handelsstraßen, gab es nicht hier die größten und buntesten Bazare? Die kunstfertigsten Handwerker hatten hier ihre Werkstätten, und im Haus der Weisheit mit seiner umfangreichen Bibliothek und der Sternwarte arbeiteten die berühmtesten Gelehrten und geachtetsten Weisen ihrer Zeit?

7

Aber das war zu Zeiten, als in Bagdad noch ein Kalif in Amt und Würde war, dessen Herz und Geist schon zu seinen Lebzeiten gerühmt und besungen wurde.

Mehr als zwei Jahre sind vergangen, seit Harun al-Raschid, der Name des Kalifen sei gepriesen bis ans Ende aller Tage, zu Grabe getragen wurde.

Viel zu früh und viel zu weit von hier!

In Tus raffte ihn seine Krankheit dahin im besten Mannesalter, weit im Osten des Reiches, in der chorasanischen Provinz, aus der nun ein gewaltiges Heer naht, al-Amin, den ältesten Sohn Harun al-Raschids, aus dem Palast des Kalifen in Bagdad zu jagen.

Niemand anderes als al-Ma'mun, der Zweitgeborene Haruns, ließ dieses Heer aufstellen und gab ihm Sinn und Auftrag.

Er beauftragte seinen Feldherrn Tahir diese Streitmacht zu führen, und schon seit einigen Wochen rücken sie unaufhaltsam nach Westen vor.

Das Heer des Kalifen eilt ihnen entgegen, um ihren Vormarsch aufzuhalten. Al-Amin, der Kalif in Bagdad, betraute den erfahrenen General Ibn Benari mit dieser Aufgabe und hat ihm mit dem Tod der tausend Schmerzen gedroht, falls er die Feinde nicht aufhält.

Seit Haruns Tod im fernen Tus, prügeln sich seine Söhne und nicht nur diese um die Macht. Und die Stadt des Friedens hat ihren Namen schon lange nicht mehr verdient. Deshalb auch wird sie im Volk nur noch mit ihrem alten Namen benannt: Bagdad. So wie einst, als diese Ansiedlung nichts anderes war als eine kleine, unbedeutende Datteloase am Ufer des Tigris.

Keine Karawane ist mehr unterwegs auf den östlichen Handelsstraßen. Zu groß ist die Gefahr geplündert zu werden von Wegelagerern oder beutegierigen Söldnern.

Die Bazare Bagdads sind leblos geworden, auf den Straßen und in den Gassen mancher Viertel herrscht das Gesetz des Pöbels.

Und al-Amin, Erstgeborener Haruns und Nachfolger auf dem Thron des Kalifen, hat sich in seinen Palast zurückgezogen und verschließt seine vergnügungssüchtigen Augen vor dem, was in seiner Stadt, in seinem Reich geschieht. Schon seit einiger Zeit lässt er sich nicht mehr sehen, ist für niemanden zu sprechen. Der Palastbezirk ist abgeriegelt, als hätte der Feind schon die Mauern der Stadt eingerissen.

Jenseits des Tigris, in al-Harbiyya, wo die Söldner und Soldaten ihre Häuser haben, brodelt es schon seit Tagen, und der Clan der Barmakkiden, stets auf eigenen politischen Vorteil und Macht aus, tut sein Bestes, Öl in die auflodernden Flammen zu gießen, wohl wissend, dass der Kessel auf dem Feuer bald platzen könnte.

Bagdad, 190 Jahre nach Muhammeds Higra, 812 n.Chr.

Der gellende Schrei in der friedvollen Nacht schmerzt noch immer in meinem Ohr. Es war um die dunkelste Stunde der Neumondnacht nach dem Erntedankfest der Christen, welches die ganze Stadt mitgefeiert hatte. Der Schrei kam aus den Häusern der Frauen und war so durchdringend voller Angst, dass die Hunde jaulten, die Pferde unruhig schnaubten und die Esel verängstigt schrien.

Danach war es einige lange Atemzüge totenstill, so dass ich schon dachte, ich hätte geträumt und wäre von dem Schrei in meinem Traum erwacht.

Doch dann hörte ich das Rennen nackter Füße, das Getuschel einiger Stimmen und schließlich den lauten und eindringlichen Ruf: „Holt den Herrn, lauft zu Sindbad! Schnell!"

Ich erhob mich.

Wenn Sindbad gebraucht wurde, dann war auch ich vonnöten.

Ich, Chacril, Lehrer und Erzieher Sindbads, nach dem frühen Tod seines Vaters, dem ich auch schon gedient habe.

Ich, Chacril, Verwalter von Sindbads Vermögen und dessen Vertrauter.

Ich, Chacril, der Zerfurchte, wie mich Sklaven und Bedienstete nennen, wenn sie denken, ich könne sie nicht hören. Sie vergleichen die Furchen in meinem Gesicht mit einem ausgetrockneten Wüstenfluß, ich weiß es wohl und bin ihnen nicht böse deswegen. Warum auch? Ich bin alt genug zu wissen, dass sie recht haben. Wenn ich in der Nähe bin, oder sie mich achtungsvoll anreden, nennen sie mich Chacril, den Weisen. Meines Alters und meiner Haare wegen, in denen sich nicht einmal mehr die kleinste Spur einer dunklen Ahnung findet.

Kaum war ich angekleidet, wurde heftig an der Tür geklopft. Als ich öffnete stand Tawaddud vor mir.

„Komm!" stieß sie atemlos und mit vom Schlaf verwirrten Haaren hervor. „Schnell! Etwas Schreckliches ist geschehen!"

Sie zerrte mich hinter sich her, die Treppen hinab durch den Park, hin zu den Frauenhäusern. Alles war in heller Aufregung und schwirrte durcheinander, wie Bienen, wenn ein Bär ihnen den Honig raubt.

Sindbad war schon da. Er hatte sich nur ein Tuch um die Lenden gebunden. Schwer atmend stand er neben der Liegestatt Osiras, die als reife Frau noch schöner war, als in der Blüte ihrer Jugend. Ich trat an seine Seite und legte meine Hand auf seine Schulter. Diese war kalt und hart wie ein Fels. Als ich Sindbads entsetztem Blick folgte, sah ich auf Osiras ebenmäßigem Gesicht ein dunkelrotes Mal, das sich von der Stirn über die Nase bis um ihren Mund hinzog. Osira selbst lag starr und reglos, mit weit aufgerissenen Augen, als sähe sie etwas furchterregend Schreckliches. Schweißtropfen glänzten auf ihrer Stirn, doch ihre Hände zitterten, als sei ihr sehr kalt.

„Der Fluch Ubdraels", murmelte Sindbad. Seine Lippen waren rissig, wie nach langen, ungewissen Tagen als Schiffbrüchiger und wachsweiß.

„Was hat dies zu bedeuten?" fragte ich ihn voller Sorge. „Was ist geschehen?"

„Osiras Oheim Ubdrael!" stieß Sindbad hervor. Sein Blick war immer noch auf das entstellte Gesicht Osiras gerichtet. „Nun hat er seine Drohung wahrgemacht. Wie konnte das geschehen?"

Ich befahl den Eunuchen, Sklavinnen und Mägden, uns alleine zu lassen. Noch immer sah ich in ihren Augen fassungsloses Entsetzen, wenn sie in das Gesicht ihrer Herrin sahen. Tawaddud blieb, legte warme Tücher über die Hände Osiras und tupfte ihr die Stirn trocken.

Langsam schien Sindbad in die Wirklichkeit zurückzufinden.

„Von welcher Drohung sprichst du?" fragte ich ihn, als sein Blick wieder klar war.

„Erinnerst du dich nicht an Osiras Oheim?" fragte mich Sindbad mit belegter Stimme.

„Du meinst, Ubdrael hat Osira mit einem Fluch belegt?"

Sindbad nickte schweigend. Er deutete auf zwei kleine Tonscheiben von der Größe eines Dinars, die auf dem Laken neben Osira lagen. „Sie wurden von ihm gefertigt. Ich habe sie augenblicklich erkannt."

Ich beugte mich vor und wollte danach greifen, um sie näher betrachten zu können.

Doch Sindbad hielt mich zurück. „Nicht", sagte er. „Niemand darf diese Tonscheiben berühren. Das wäre Osiras sicherer Tod."

„Was bedeuten sie?" fragte ich.

„Eine Schlange ist auf die eine geritzt, ein Skorpion auf die andere", antwortete Sindbad.

„Das sind die Schrecken, von welchen Osira jetzt gefangengehalten wird."

„Aber warum sollte er das tun?" Mein Blick war wieder gefangen von dem schrecklichen Mal, welches das vollkommene Gesicht Osiras entstellte.

„Wie du weißt, war Osiras Vater ein mächtiger Scheich in Saisuda. Nach seinem Tod bestimmte sein Testament mich zum Nachfolger und übertrug mir alle Besitztümer und Reichtümer der Sippe. Aus diesem Grund hasst mich Ubdrael, denn nach altem Recht wäre er, als einziger Bruder des Scheichs, der alleinige Erbe gewesen. Schon in Saisuda mussten Osira und ich ständig auf der Hut vor ihm sein. Das war mit der Grund, weshalb wir schließlich alles aufgaben in Osiras Heimat und nach Bagdad zurückkehrten."

„Aber, warum dann dieser Fluch?" Ich runzelte verständnislos die Stirn.

„Weil ich Ubdrael den Siegelring des Scheichs, den Ring der Sippe, nicht gegeben habe, als Osira und ich damals das Land verließen", antwortete Sindbad tonlos. „Ohne diesen Ring aber, erkennt niemand in Saisuda Ubdraels Herrschaft an. Für die Menschen dort ist dieser Ring mehr als nur ein Zeichen der Macht. Sie glauben, durch ihn sei man mit den Ahnen der Sippe verbunden."

Er schwieg, kniete sich neben Osira und nahm ihre Hände in die seinen. Sein Blick wurde weit und weich: „Denn meine Liebe ist endlos, wie die See und tief; je mehr ich dir davon gestehe, je mehr habe ich, denn grenzenlos sind beide", flüsterte er zärtlich. „Das habe ich dir gesagt, als wir unser Leben miteinander verbanden. Ich werde alles tun, um dich von diesem Fluch zu befreien. Ich werde zu Ubdrael fahren und ihm den Siegelring der Sippe bringen."

Und da war es, als ob ein leichter Schauer über Osiras Starre gleiten würde. Das Zittern ihrer Hände erlosch und langsam, ganz langsam schlossen sich ihre Lider über dem schreckgeweiteten Blick der Augen.

Sindbad erhob sich langsam wie ein von Gliederschmerzen geplagter Greis. Dann jedoch straffte sich sein Körper und seine Augen bekamen wieder jenen sternengleichen Glanz, den ich kannte, wenn er eine Entscheidung getroffen hatte.

„Alle Sklavinnen und Bediensteten, die Zutritt zu Osiras Gemächern haben, sollen auf der Stelle herkommen! Ich will wissen, wie diese Fluchscheiben in Osiras Bett gekommen sind."

Ich wollte schon zur Türe eilen, um die entsprechenden Befehle zu erteilen, da sah Tawaddud auf.

„Ich habe bereits nachgeforscht, Herr. Es muss Beyrine gewesen sein. Osira selbst hat sie vor einigen Wochen eingestellt, weil sie aus der Heimat der Herrin stammte. Ich ließ sie überall suchen. Sie ist seit einer Stunde spurlos verschwunden, und in ihrer Kammer deutet alles auf eine schnelle Flucht hin."

„Etwas in dieser Art habe ich mir gedacht", murmelte Sindbad vor sich hin. Dann wurde seine Stimme wieder fest. „Osira darf nicht bewegt werden", befahl er Tawaddud. „Sieh zu, dass sie Kühle bekommt des Tags und Wärme in der Nacht und netze ihre Lippen mit Rosenwasser."

Er wandte sich mir zu: „Lass Tizzhar wecken. Er soll sich rüsten für eine Reise, von der ich noch nicht weiß, wie lange sie dauern wird. Ich muss nach Saisuda, zu Ubdrael. Er ist der einzige der weiß, wie der Bann zu brechen ist, ohne dass Osira Schaden nimmt. Gib Anweisung, dass alles für eine Reise Notwendige auf zwei Packkamele geladen wird. Um mein Pferd kümmere ich mich selbst. Bei Sonnenaufgang will ich mit Tizzhar Bagdads Mauern hinter mir haben."

„Aber du weißt doch, dass al-Amin, der Kalif, dir verboten hat, die Stadt zu verlassen", warf ich ein, wohl wissend, dass dies ein nutzloses Argument war.

Nach einem langen Blick auf Osira presste er entschlossen die Lippen zusammen. „Früher haben mich eigene Schwüre nicht daran gehindert, wieder auf eine Reise zu gehen. Heute wird mich der Befehl eines vergnügungssüchtigen Kalifen nicht davon abhalten, zu tun, was ich tun muss! Er nickte mir zu und verließ die Gemächer seiner Frau.

Ich trat zu Tawaddud und strich ihr über das rabenschwarze, dichte Haar. „Was geht hier vor?" murmelte ich und konnte meinen Blick nicht von dem entstellenden roten Mal auf Osiras Gesicht abwenden.

„Ein Zauber", murmelte Tawaddud und lehnte ihren Kopf an meine Hüfte, während sie mit ihren Fingern zärtlich über Osiras Wangen und Lippen strich. „Ein großer, schwarzer Zauber."

Es blieb nicht viel Zeit bis zum Tagesanbruch, und ich scheuchte die Sklaven und Bediensteten durch Haus, Stallungen und Lagerräume, um für Sindbad und Tizzhar alles Notwendige herzurichten und zusammenzupacken.

Zur Stunde der Dämmerung spähte ich aus der schmalen Seitentür des Anwesens. Noch war kaum jemand auf den Straßen unterwegs, aber der Himmel im Osten, dort, wo der Krieg zu wachsen begann, verfärbte sich in giftigem Gelbschwarz, noch ehe die Sonne über den Horizont gestiegen war. Ich war froh, dass Sindbad sich nach Westen hin aufmachte. Dort waren die Straßen noch sicher. Wer konnte schon sagen, wie lange noch?

„Wäre ein anderer Tag nicht besser geeignet für den Beginn der Reise?" versuchte ich Sindbad zurückzuhalten, denn die bedrohliche Verfärbung des Himmels deutete auf einen nahenden Sandsturm hin. Tizzhar, der

Schweigsame, saß schon im Sattel, das Beduinentuch um Hals und Kopf geschlungen, glühten seine dunklen Augen aus dem schmalen Sehschlitz zwischen Stirn und Nase wie glimmende Kohle.

„Ich würde den Weg auf der alten Handelsstraße auch finden, wenn ich blind wäre", beruhigte mich Sindbad. „Oft genug habe ich ihren Staub geschmeckt. Wenn du unsere Abreise eine Woche verschweigen kannst, werden Tizzhar und ich weit genug sein, um dem Arm des Kalifen und seinem Zorn über mein Verschwinden zu entgehen."

Er umarmte mich wie ein Sohn seinen alten Vater, überprüfte nochmals die Gurte des Sattels und schwang sich auf sein Pferd. Dann ritten Sindbad und Tizzhar hinein in den aufwirbelnden Staub und Sand und in das bedrohliche Singen des beginnenden Sturmes. Ihre Umhänge flatterten wie dunkle Schatten auf der Suche nach ihrem Ursprung.

Die Freunde Sindbads, ob sie nun aus al-Karh, dem Viertel der Händler kamen, in Dar al-Khilafa, dem Palastbezirk ihr Zuhause hatten oder in den Suqs der Handwerker und Tagelöhner lebten, folgten meiner Einladung gerne.

Der alte Taranox traf wie üblich schon etwas vor der vereinbarten Stunde ein. „Pünktlichkeit ist die Zierde der Weisheit", pflegte er zu sagen. Nichts hasste er mehr, als auf jemanden warten zu müssen, außer vielleicht ein Versprechen, das nicht eingelöst wurde.

„Wie geht es Osira?" war seine besorgte Frage, noch bevor er mich begrüßte. Natürlich hatte er schon längst von der mysteriösen Krankheit gehört, welche die Hausherrin gefangenhielt. Manche Dinge sprechen sich in Windeseile in Bagdad herum. Die Abreise Sindbads, da war ich mir sicher, hatte ich bis jetzt geheimhalten können, ganz wie er es gewünscht hatte.

„Ihr Zustand hat sich nicht verändert", musste ich ihm mitteilen.

Taranox wiegte mit bedauerndem Brummen den Kopf.

„Der Schmerz darüber wird Sindbad schwer auf der Seele liegen", sagte er und umarmte mich. „Warum ist er nicht hier, um mich zu begrüßen?"

„Ich gebe dir die Antwort, wenn alle eingetroffen sind", antwortete ich und geleitete ihn in den vorbereiteten Raum, dessen Türen zum Park hin weit geöffnet waren. Vom Tigris herauf drangen leise die rauhen Gesänge der Fischer, während sie ihre Netze und Reusen einholten.

Ein kühler Ostwind strich zart durch Büsche und Bäume und ließ den flimmernd heißen Herbstmittag in Bagdad vergessen. Noch bevor mich Taranox weiteres zu Sindbad hätte fragen können, wurde ich wieder zur Tür gerufen, um Aneas und Johann willkommen zu heißen.

Als wir schließlich alle gemeinsam um das Rund der Tafel auf Damastkissen und Brokatdecken lagen, zog ein Hauch von Weihrauch durch den Raum, und in den Duftschalen über den Lampen waren Essenzen von Rosen, Lilien und Moschus mit Wasser vermengt und verbreiteten verlockende Gerüche, denen man sich gerne mit geschlossenen Augen hingegeben hätte.

Es war alles, wie es sich auch Sindbad gewünscht hätte, wenn er denn hier gewesen wäre, an solch einem Abend. Sklavinnen von ausgesuchter Bildung, Schönheit und Anmut reichten dampfend süßen Mokka, in goldgefassten kleinen Tassen aus Porzellan, das dünner und durchscheinender war, als die Eischalen eines todkranken Huhnes. Weit muss ein Händler reisen, um solche Kunstwerke auf seinem Tische stehen zu haben. Die Wasserpfeifen, jede einzelne ein Meisterwerk und eines Königs würdig, schnorchelten dumpf vor sich hin.

Auf meinen Wink verschwanden alle Musikanten, die Sklavinnen und Bediensteten. Die mit reichen Schnitzereien versehenen, hohen Türen aus Sandelholz schlossen sich, und wir waren allein.

Endlich, denn all die Geladenen warteten gespannt.

Der Platz des Gastgebers, der Platz Sindbads, auf den sie sich gefreut hatten an diesem Abend, war leer geblieben, und die verwunderten Fragen nach dem Warum, hatte ich bislang abgewiegelt.

„Ich soll euch grüßen, von Sindbad, eurem Freund", unterbrach ich die erwartungsvolle Stille.

„Was ist mit ihm?"

„Wie geht es ihm?"

„Warum ist er nicht hier und hat uns begrüßt?" So und anders rief es durcheinander.

Ich hatte Mühe, all die aufgeregten Fragen abzuwehren, die auf mich einprasselten wie überreife Datteln während eines brüllenden Sandsturms. Endlich schafften es meine erhobenen Hände und meine eindringliche Stimme, wieder Ruhe herzustellen.

„Ich soll euch grüßen und Bericht geben, dass er wohlauf ist." Bevor ich mich einem erneuten Ansturm von Fragen und Bestürmungen beugen musste, sprach ich rasch weiter: „Ich bedauere, jene, die sich in den letzten Tagen nach Sindbad erkundigten oder ihn einladen wollten, belogen zu haben, doch dies geschah auf Sindbads Geheiß. Er wollte weit genug entfernt sein von Bagdad, bevor jemand von seiner Reise erfährt. Ihr wisst ja, der Kalif von Bagdad, al-Amin, hat Sindbad verboten, die Stadt zu verlassen, aus Angst, er könne sich, mit all seinem Wissen und vor allem seinen Mitteln, dem herannahenden Heer seines Bruders al-Ma'mun anschließen."

Nun waren alle Augen in aufmerksamer Stille auf mich gerichtet. Ich zog mein Mundstück, ein Geschenk Sindbads, aus einer Tasche meiner Galabea, griff mir den Schlauch, der für mich vorbereitet war und nahm einige tiefe Züge aus der Wasserpfeife.

„Er brach noch in jener Nacht auf, in der Osira in totengleiche Starre fiel", sprach ich in die bläulichen Rauchschwaden hinein. „Vor drei Tagen nun, bekam ich endlich Nachricht von ihm."

„Wo ist er und aus welchem Grund?" wollte Taranox wissen. Sein schütterer, weißer Haarkranz war auf Bagdads Bazaren wohlbekannt, und schon seit langem waren er und Sindbad enge Freunde.

Tawaddud mischte sich ins Gespräch. Sie erzählte vom Fluch und den magischen Tonscheiben in Osiras Bett, die Sindbad noch von seiner Zeit im Lande Saisuda her bekannt waren.

„Sie stammen von Ubdrael, Osiras Oheim. Nur er allein kann Auskunft geben, wie der Fluch ohne Gefahr zu lösen ist", schloss sie ihren Bericht.

„Und Sindbad muss sich eilen, denn wie er mir sagte, wächst das Fluchmal und wird größer. Er muss mit der Antwort Ubdraels zurück sein, bevor das Mal Osiras Nabel umschlossen hat!" ergänzte ich.

„Nach Saisuda also." Aneas, Geldverleiher und Finanzier großer Karawanen und Schiffsreisen, überlegte kurz. „Welchen Weg hat er gewählt?"

„Sindbad ließ die Brieftaube in Antiochia aufsteigen", gab ich Auskunft.

„Was will er denn dort?" erstaunte sich Menaprena. „Warum ging er nicht über Damaskus nach Akkon?"

„Besitzt er nicht Anteile an einer Werft im Hafen von Antiochia?" wollte Aneas von mir bestätigt haben, obwohl er doch selbst in allen kaufmännischen Dingen mehr wusste, als jedes zur Verfügung stehende Nachschlagewerk.

„So ist es", nickte ich.

„Dann sucht er dort vielleicht ein bestimmtes Schiff für seine Reise", vermutete Aneas. „Denn, dass Sindbad lieber zur See unterwegs ist, das wissen wir alle."

„Das stimmt! In die Wüste hat es ihn nie gezogen", lächelte Tuwaddud so geheimnisvoll, wie dies nur wissenden Frauen gelingt.

„Lass uns Sindbads Worte hören", drängte mich Taranox. „Lies endlich vor."

Ich entrollte vorsichtig das durchscheinend dünne Seidenpapier und las den Brief Sindbads vor, den mir die Taube vor drei Tagen gebracht hatte:

Getreuer Chacril, meine Freunde!

„Ich grüße euch und hoffe, es geht euch und den euren gut und ihr habt nichts zu klagen.
Es ist etwas anderes, das Gischtwasser eines heftigen Seegangs zu schmecken, als die heißen Sandstürme auf dem langen Weg durch die Wüste hin nach Antiochia. Die ungünstige Witterung hatte jedoch den Vorteil, dass nur wenig andere Reisende unterwegs waren. Seltsam, dass ich mich davonstehlen muss vor dem Kalifen, als ob ich ein Dieb wäre. Doch nun bin ich glücklich am ersten Ziel meiner Reise angelangt. In Antiochia kann ich mich und mein neues Schiff, die Dshin, vorbereiten für den weiteren Weg.

21

Gerne hätte ich euch, meine Freunde, mit der Dshin im Hafen von Bagdad überrascht. Sie ist nicht groß, doch ich kann damit schneller über die Meere zu segeln, als je ein anderes Schiff zuvor. Doch davon nicht jetzt.

Was mit Osira geschah, ist mir bekannt. Einige Male habe ich diese magischen Tonscheiben gesehen, als wir noch in Saisuda lebten. Den Fluch kann nur brechen, wer weiß, was er mit den Tonscheiben zu tun hat. Zerstoßen im Mörser? Verbrennen im heißen Feuer einer Schmiede? Dem Fluss übergeben? Mit Wasser umformen? Die einzig richtige Antwort werde ich bei Ubdrael bekommen, denn er hat den Fluch in diesen Ton geritzt. Er will mich zwingen, ihm den Siegelring der Sippe zu bringen. Ich werde es tun, wenn er mir die Antwort gibt, wie ich den Fluch von Osira nehmen kann. Ich habe Chacril gebeten, euch einzuladen, denn ihr seid meine Freunde, und ich brauche eure Hilfe, eure Erfahrung und eure Weisheit.

Aneas! An wen könnte ich mich wenden in Alexandria, falls ich einen größeren Kredit brauche? Und welche Geldwechsler kannst du mir empfehlen?

Taranox! Wie finde ich am schnellsten zu Fra-Matara in Alexandria?

Abdallah! Hast du nicht ein Kontor in Sousse? Wem kann ich dort vertrauen?

Gibt es im Haus der Weisheit neue Berichte und Karten der besten Reisewegen von Sousse nach Saisuda?

Lasst mich teilhaben an eurer Weisheit und eurem Wissen und teilt es Chacril mit. Mein nächstes Ziel wird Alexandria sein. In unserem Kontor dort, will ich auf Nachricht von euch hoffen.

Gehabt euch wohl und genießt den Abend auch ohne mich.

Sindbad, euer Freund

Ich reichte das Seidenpapier an Taronax, der es sich neben mir zwischen Fellen und Decken bequem gemacht hatte. Er legte das Mundstück seiner Wasserpfeife auf einen aus Elfenbein gefertigten, kniehohen Ständer, sah kurz auf das Schreiben und nickte dann: „Sindbads Schrift und Siegel. Kein Zweifel!" Stirnrunzelnd sah er mich an. „Er wird wochenlang unterwegs sein. Was wird mit Osira?"

Tawaddud beruhigte ihn: „Solange niemand die Tonscheiben auf Osiras Laken berührt, vergeht für Osira keine Zeit. Nur das rote Mal wächst langsam weiter. Sindbad muss zurück sein, bevor es Osiras Nabel erreicht hat."

Ich konnte förmlich sehen, wie diese erfahrenen Männer darüber grübelten, wie lange Sindbad wohl brauchen würde, nach Saisuda und wieder zurück.

„Was will er von Fra-Matara, dieser obskuren Hexe? Und weshalb weißt du, wie man sich mit ihr treffen kann?" wollte Abdallah schließlich von Taranox wissen.

Der lächelte ihn an. „Im Laufe eines langen Lebens, trifft man mit vielen Menschen zusammen. Ich kenne Fra-Matara nicht als Hexe, sondern als weise Frau, die über außergewöhnliche und bewundernswerte Fähigkeiten verfügt."

Tawaddud grinste breit und nickte Taranox zustimmend zu. Sie hielt sehr viel von Fra-Matara, ich wusste es.

„Ich bin morgen im Haus der Weisheit, um mir einen Vortrag über den Lauf der Gestirne anzuhören", sagte Johann, ein ehemaliger fränkischer Ritter, der mit einer der ersten Gesandtschaften aus diesem fremden Land nach Bagdad gekommen war und hier eine neue Heimat fand. „Ich werde nachschauen, was sich an neuen Berichten und Karten über Saisuda finden lässt."

„Es sollte uns beruhigen, dass unser Freund in Begleitung von Tizzhar, dem Schweigsamen reist", brummte
Kufhar, ein alter Berber, mit einer Familie und Ver-
wandtschaft, größer als manche Fürstensippe und schob
sich ein Stück eingelegten Käse in den Mund. „Wer in
Begleitung des Schweigsamen reist, braucht die Gefahren, die einem von missgesinnten Menschen drohen,
kaum zu fürchten."
Die anderen nickten zustimmend. Ich klatschte in die
Hände und die Sandelholztüren öffneten sich wieder.
Die Karaffen mit Wein und Wasser wurden wieder
gefüllt und wer mochte, ließ sich frischen Mokka
reichen. Sklavinnen brachten duftenden Tabak und
glühende Kohlestückchen für die Wasserpfeifen. Eine
Lautenspielerin unterhielt uns mit leisen Melodien.
Abdallah und Menaprena befragten mich nochmals eingehend zu Osira und ihrer unerklärlichen Krankheit, die
kein Arzt, kein Heilkundiger und auch keine weise Frau
kannte oder heilen konnte. Ich hatte sie alle kommen
lassen in den letzten Tagen, war dabeigestanden, wenn
sie Osira untersuchten und hatte darauf geachtet, dass
keiner die magischen Tonscheiben berührte.
Sindbads Frau lag unverändert, starr und steif, die Augen
weit geöffnet, als wäre sie von etwas Furchtbarem gefangen. Sie aß nicht und trank nicht. Sie sprach nicht und
reagierte auf keinen Reiz. Nur das Mal auf ihrem Gesicht
pulsierte langsam und blutrot.
Nachdem mir Taranox noch die Adresse eines hoch-
gerühmten Heilers mitgeteilt hatte, der erst seit kurzem
in Bagdad wirkte, erhob er sich. Er war immer einer der
ersten, die sich an gemütlichen Abenden verabschiedete.
Dafür war er aber immer auch einer der ersten, die am
Morgen schon Geschäfte tätigten. „Du wirst mich doch

unverzüglich benachrichtigen, Chacril, falls du Neues von Sindbad erfährst?"

Diese Zusicherung gab ich gerne, als ich Taranox verabschiedete.

Kurze Zeit darauf gingen auch Abdallah und Johann, nicht ohne zu versprechen, sich nach Informationen für Sindbad umzuschauen und sie mir zukommen zu lassen. Wie üblich dachten weder Aneas noch Kufhar oder Menaprena daran, aufzubrechen. Sie hatten dem Koch eine gute Weinsorte abgeschwatzt und anscheinend noch viel zu bereden. Tawaddud leistete ihnen Gesellschaft, und die vier unterhielten sich lautstark über ein erst neulich übersetztes Buch, das Aneas auf Empfehlung Tawaddus gelesen hatte. Ein Grieche, Ptolemäus, war der Verfasser und hatte ihm den Titel Almagest gegeben. Es ging wohl um neue astronomische Erkenntnisse, aber was wollen die Griechen uns da schon viel Neues zu sagen haben? Doch Aneas bedankte sich sehr bei Tawaddud für den Hinweis auf dieses Werk.

Ich stand an den weit offenstehenden Türen zum Park. Antilopen und Gazellen, Flamingos, den Kopf in das Gefieder ihrer rosaweißen Flügel gesteckt, Luchse und Bären schliefen dort in ihren Käfigen und Gehegen. Jagdgeparden knurrten wohlig an ihren Futternäpfen und Falken rüttelten hoch über den Bäumen, denn die Bediensteten sorgten ständig für genügend lebende Mäuse, die sie im Park aussetzten. Noch brannten die Fackeln am Weg, der durch den Park hinausführte auf die Straßen Bagdads.

Geräuschlos wurden Essensreste, Geschirr und die erkalteten, stinkenden Wasserpfeifen fortgeräumt und die Türen wieder geschlossen. Im Kamin knisterte ein kleines Feuer aus wohlriechendem Sandelholz.

„Was glaubst du, wo er jetzt steckt, Chacril?" rief Kufhar mir zu, als ich mich den Vieren näherte.

Ich schenkte mir einen Becher Wein ein. „Fünf Tage gebe ich der Taube von Antiochia bis Bagdad. So war es vor sieben Tagen, als Sindbad sie aus dem Käfig hob. Ich denke, er wird schon unterwegs sein auf dem Meer. Hoffen wir, dass Wind und Wellen ihm günstig gestimmt sind."

„Nun, dann ist er ja jetzt in seinem Element!" stellte Menaprena fest. „Er ist da, wo er immer sein wollte. Auf einem Schiff in den Wogen der See." Manchmal sprach Menaprena ein wenig geschwollen, wenn er zuviel Wein getrunken hatte.

Aneas lächelte gut gelaunt und Kufhar legte Menaprena die Hand auf die Schulter. „Ich habe Sindbad auf seiner ersten Reise kennengelernt. Seit dem sind wir Freunde. Und ich kenne keinen, der mir öfters geschworen hat, niemals wieder einen Fuß auf ein Schiff zu setzen. Nicht einmal mehr auf eines, das nur den Tigris befährt. Nicht einmal mehr auf eine Fähre."

„Er musste dieser Sehnsucht nachgeben und wieder hinausfahren auf das Meer", sagte Tawaddud leise, „bis er endlich seine Frau gefunden und mit sich heimgebracht hat. Und nun segelt er nochmals hinaus, den Fluch zu lösen, der Osira gefangenhält."

„Und ich dachte immer, der sehnlichste Wunsch Sindbads sei es schon immer gewesen, zur See zu fahren und Handel zu treiben. Wird er denn zu Unrecht auch der Seefahrer genannt?"

Tawaddud, Aneas und Kufhar lachten.

„Nein, denn sonst hätte nicht der persönliche Schreiber Harun al-Raschids eine Kopie aller Aufzeichnungen gefertigt, die Chacril damals diktiert worden sind", erklärte Aneas schließlich. „Die Aufzeichnungen der Reisen Sindbads, seine Karten, die Berichte über Strömungen, Gezeiten, Winde und Untiefen sind so wertvoll, dass sie in der Schatzkammer des Kalifen aufbewahrt werden, obwohl sie jeder auch im Haus der Weisheit studieren und für seine Zwecke nutzen kann.

Tawaddud setzte hinzu: „Er musste fort, weil er sonst auf der Treppe der großen Moschee als Bettler sein Leben hätte fristen müssen. Später dann zog es ihn über das Meer, weil er kein Zuhause in seinem eigenen Herzen hatte."

„Ach was!" Menaprena winkte mit der Hand durch die Luft, als wolle er eine Stechfliege vertreiben. „Sindbad und pleite! Das glaub ich dir nicht. Chacril, war Sindbads Reichtum nicht schon immer sprichwörtlich?"

„Nein." Ich schüttelte den Kopf. „Sindbad hat sein Erbe in einem großen, immerwährenden Fest zugrunde gerichtet, nachdem sein Vater und seine Mutter gestorben waren. Deshalb musste er sich damals auf seine erste Reise begeben."

„Ich glaube es nicht", murmelte Menaprena und winkte nach einem frischen Becher Wein.

„Nun mach schon, Chacril!" Tawaddud stupste mich in die Seite. „Merkst du nicht, dass Menaprena keineswegs daran denkt, endlich seinen Weg nach Hause anzutreten. Er will seinen Wein trinken und dazu etwas aus Sindbads Vergangenheit erfahren. Erzähl schon!"

„Ja, Chacril", nickte Kufhar und lehnte sich gemütlich zurück. „Das ist so lange her, dass auch ich die Geschichte gerne einmal wieder hören würde."

Meine Gedanken eilten zurück an jenen sonnendurchfluteten Tag, als Sindbad plötzlich wieder vor mir stand. Damals, noch zu Zeiten als Haruns Vater al-Mahdi hier in Bagdad auf dem Thron des Kalifen saß. Vornehm gekleidet war Sindbad, und auf seinen Lippen lag ein wissendes, ein erkennendes Lachen. Niemand von all denen, die ihn kannten und vermissten, hatten ihn nach so langer Zeit und all den schlechten Nachrichten, mehr unter den Lebenden zurück erwartet.

Ich musste nicht lange nach den Worten suchen. Sindbad selbst hat sie mir in die Feder diktiert, vor vielen, vielen Jahren. Damals schrieb ich noch auf eine Pergamentrolle, denn zu dieser Zeit gab es noch keine Papierfabrik in Madinet as-Salam, der Stadt des Friedens. Die wurde erst unter der Herrschaft Harun al-Raschids gebaut.

Aber das war lange nach Sindbads erster Reise.

Und so erzählte er sie mir damals:

SINDBADS ERSTE REISE

Noch war der Flaum auf meinen Wangen den ersten kräftigen Barthaaren nicht gänzlich gewichen, da starb mein Vater an einem fremden Fieber, das von keinem Arzt geheilt werden konnte und kaum ein Jahr später meine Mutter an gebrochenem Herzen, denn ohne ihren Mann war ihr die Welt und das Leben nicht mehr so, wie es sein sollte und wie sie es sich wünschte.

Mein Vater war ein reicher Kaufmann gewesen, und so hatte ich genug Geld und Gut, Häuser und Diener, Musikanten und Tänzerinnen, um es mir wohl ergehen zu lassen und musste mich nicht um meine Zukunft sorgen.

Wohl trauerte ich eine angemessene Zeit, aber ich war jung und hungrig auf das Leben und auf das, was es mir wohl bringen könnte. So schickte ich die Berater und Lehrer, die von meinem Vater mit meiner Erziehung und Bildung beauftragt waren, von mir, bis auf Chacril, den alten Schreiber und Vertrauten, der schon meinem Vater diente und auf dessen Knien ich die ersten Kinderlieder gelernt hatte.

Ich lud all meine Freunde und Bekannten in das Anwesen, welches nun das meine war und deren Freunde ebenso.

Tag für Tag. Nacht um Nacht.

Ich kann wohl sagen, dass meine Küche, meine Musikanten, Tänzerinnen und Sklavinnen gerühmt wurden über die Grenzen meiner Heimatstadt, der Stadt des Friedens, hinaus. Und das, trotz meiner Jugend und - wie ich heute sagen muss - meiner Unerfahrenheit.

So lebte ich in Freuden und gab mich den Genüssen des Lebens hin, die ich auskosten wollte bis hin zu den versteckten Freuden, von denen allenfalls hinter vorgehaltener Hand geflüstert wurde. Wenn ich gewusst hätte, was ich erst mit den Jahren und meinen Reisen erfahren musste, hätte ich wohl damals auf den alten Chacril gehört, der mir immer wieder zusprach, mich aber auch immer wieder warnte und mir vorhielt, dass mir mein Lebenswandel und meine Freunde und Gäste zum Schaden gereichen würden, wenn ich nicht dies und das änderte. Doch in meinem jugendlichen Übermut wollte ich seine Ratschläge nicht gelten lassen. Was sollte mir auch ein alter Schreiber Vorbild sein in meinem noch so jungen Leben?

So feierte ich mein Leben und genoss alles, was es für mich bereithielt, oder ich mir kaufen konnte. Und meine Tage und Nächte verstrichen ohne Gestalt anzunehmen in den süßen Träumen der Lust, den schweren Schwaden von Tabak, der reichlich mit Hablibabli vermischt worden war und kostbarem Rotwein, welcher von griechischen Händlern in Bagdad gehandelt wurde.

Doch dann kam der Tag, an dem ich den Reichtum meines Vaters verprasst hatte.

Ich erwachte, wie aus einem wilden, schweißtreibenden Traum. Mein Hab und Gut war dahingeschmolzen wie Tropfen des Morgentaus unter der aufgehenden Wüstensonne und all diejenigen, die sich lauthals meiner Freundschaft gerühmt hatten ebenso.

Wenn es nach mir gegangen wäre, hätte ich mein letztes Hab und Gut verkauft, um danach in einer Würfelstube alles auf einen letzten Wurf zu setzen.

Chacril war es, der mir riet, alles was mir verblieben war, auf dem Markt zu verkaufen.

Viel war es nicht, was dabei zusammenkam. Doch es war genug, einige Ballen purpurn gefärbter Seide zu erstehen, die ich jenseits des Meeres gewinnbringend zu verkaufen hoffte.

Nun reute es mich, all die Aufzeichnungen meines Vaters in einer Laune verschenkt zu haben. Welcher Schatz wäre dies nun für mich. All die Freunde und Handelspartner meines Vaters hätte ich aufsuchen können, seine Seekarten und Tagebücher mit den Anmerkungen und Ratschlägen, den Empfehlungen und Hinweisen hätten mir viel Mühe erspart und wären mir ein wenig Sicherheit gewesen auf dem schwankenden Pfad, den ich nun eingeschlagen hatte.

Als der jüngste aller Kaufleute schloss ich mich einer großen Handelskarawane an, die sich zusammengefunden hatte, den gefährlichen Weg durch die Wüste nach Basra hin, zu gehen. Zwar ist der Tigris schiffbar von Bagdad nach Basra, doch ich wollte mir mein Weniges sparen, und eine Bootsfahrt ist zwar bequemer, aber auch weitaus kostspieliger als der Landweg mit einer Karawane.

Chacril verabschiedete mich unter Tränen. Verschämt wandte ich mich ab, denn ich wollte ihm nicht zeigen, dass auch ich Angst hatte vor der ungewissen Zukunft und lieber hier in vertrauter Umgebung geblieben wäre.

Meine wenigen Seidenballen fielen in all den anderen Waren kaum auf. Zwei kräftige Kamele genügten, sie und mich zu befördern. Neidischen Blickes schielte ich nach den Waren der anderen Händler. Auch ich werde einst mit Hunderten von Kamelen unterwegs sein, schwor ich mir.

Chacril hatte mich zwei schon grauhaarigen Kaufleuten anempfohlen, die noch mit meinem Vater gereist waren. Diese hatten zwar zunächst etwas gemurmelt von missratener Brut, die nicht würdig gewesen sei, das Erbe des Vaters anzutreten. Da der Name meines Vaters aber noch immer hochgeachtet war, fügten sie sich der Bitte

Chacrils, ein Auge auf mich zu haben und mir mit ihrer Erfahrung weiterzuhelfen. So kam es, dass ich trotz meiner Jugend und meiner wenigen Waren am Feuer der erfahrensten und erfolgreichsten Kaufleute Platz nehmen durfte. Manche von ihnen erwähnten in ihren Geschichten meinen Vater, und ich senkte dann beschämt den Blick, denn für seine Geschäfte hatte ich mich nie interessiert, wie mir auch sein Leben und Fühlen ziemlich gleichgültig und fremd geblieben war.

Wie lange meine erste Reise von Bagdad nach Basra damals dauerte, kann ich heute nicht mehr sagen.

Eine mächtige und unerklärliche Sehnsucht nach dem Meer hatte mich befallen. Mag sein, es waren die Erzählungen der Kaufleute und Händler, die von fernen Ländern, fremden Völkern, anderen Sitten und Gebräuchen erzählten. Vielleicht aber auch war es die verzehrende Trockenheit und Kargheit der Wüste. Die grelle, versengende Glut der Sonne. Die schmerzvolle Stille, sobald man sich von der ruhenden Karawane entfernt hatte. Eine Stille, welche den eigenen Herzschlag zum donnernden Widerhall des Lebens macht, in der das Atmen wie ein Unwetter wirkt.

Wasser wollte ich sehen, Wasser bis an den Horizont und darüber hinaus. Danach verzehrte ich mich in den kalten Wüstennächten, wenn ich in meine Decken gehüllt in den sternenübersäten Himmel starrte.

Nichts wusste ich vom Meer, außer von Erzählungen und eigenen Einbildungen. Wie bald schon sollte ich das Meer eben mit jener Wüste vergleichen, die ich nun unter glühender Sonne auf dem schwankenden Rücken des Kamels verfluchte und mir ihr Ende herbeiwünschte mit jedem Tag und jeder Nacht sehnlicher.

Und nichts wusste ich von Basra, der Wunderbaren, der

Zauberhaften und Unergründlichen. An der Mündung zweier Flüsse errichtet, roch sie wie ein wildes Weib, das einen Mann begehrt. Der Atem des Meeres vermischte sich mit dem eindringlichen Geruch fremdartiger Gewürze, kostbarer Öle und Duftkerzen, schlechtem Bratfett und dem betäubend süßen Dunst von Hablibabli, mit dem in den Straßencafés auf Wunsch der Kopf der Wasserpfeife gestopft wurde.

Wenn die beiden ehrwürdigen Kaufleute nicht meine Begleiter gewesen wären im Gewirr der Hafenanlagen, hätte ich wohl nie ein Schiff gefunden, das mich mit meiner Ware zu einem vernünftigen Preis mitgenommen hätte. So aber fand ich mich wieder, neben meinen purpurn gefärbten Seidenballen, an Deck eines großen Schiffes, das von verschiedenen Kaufleuten ausgerüstet wurde für eine lange Fahrt.

Mit der auslaufenden Flut wurden die Anker eingeholt und die Taue, welche uns am Ufer gehalten hatten, gelöst. Die Matrosen setzten die Segel, und das verwitterte Gesicht des Kapitäns wurde mit einem Male so freundlich, als wolle er seine lang vermisste Braut begrüßen. Seine Befehle gab er mit leiser, freundlicher Stimme und allein ihn anzusehen, gab mir die Sicherheit, mich dem fremden Element mit Freuden hinzugeben.

Es ist was anderes, vom Meer zu hören, davon zu träumen, es herbeizusehnen, als dann wirklich das erste Mal hinauszufahren, so weit, dass alles Land unter dem Horizont verschwunden ist. Lange sah ich in dieser ersten Nacht noch die Lichter von Basra verblassen und schließlich verschwinden. Der Himmel war bedeckt und eine schwache Brise ließ die Segel unruhig schlagen und flappen, wie die Schwingen eines großen Drachen, wenn sich dieser in seinem Horst schüttelt. Auch der nächste Morgen brachte nicht mehr Wind und so dümpelten wir mit langsamer Fahrt hin zu einem Ziel, von dem nur der Kapitän wusste, wie er es auf dem weiten Meer finden konnte.

Des Nachts konnte ich ihn beobachten, wie er mit einem seltsam aussehenden Rohr die Gestirne betrachtete und dabei in einem alten Buch blätterte. Meist kritzelte er dann etwas mit einem Kreidegriffel auf eine Schiefertafel, mit der er dann in seine Kajüte verschwand.

Mit den wohlhabenden Kaufleuten, die bequem untergebracht unter Deck mitfuhren, besprach der Kapitän an manchen Abenden den Kurs und wie lange sie wohl noch bis zu ihrem ersten Ziel unterwegs wären. Mit den Fahrgästen an Deck wurden solch wichtige Dinge nicht besprochen.

Auch ich werde eines Tages unter Deck eine Kajüte mein Eigen nennen, schwor ich mir - nein! Ein eigenes Schiff werde ich ausrüsten, der Kapitän wird auf meine Befehle hören, und ich werde Ziel und Dauer der Reise bestimmen.

Oft saß ich allein am Bugspriet und starrte hinaus auf die Wellen und unseren schäumenden Kurs. Nicht ein Mal war mir bang geworden, oder hatte ich etwas von dem, was ich aß oder trank, auf unziemliche Weise wieder von mir gegeben. Als die Winde zunahmen und die ersten langen Wogen unser stolzes Schiff hoben und es auf ihnen ritt, war mir, als würde ich in meinem Herzen eine Melodie hören, die ich - obwohl doch unbekannt - schmerzlich vermisst hatte.

Nachdem der Mond sich wieder gerundet hatte, steuerte uns der Kapitän zu einer reichen Stadt an der Mündung eines großen Flusses, der sich durch sein braunes Wasser schon weit über einen Tag ankündigte, noch bevor man das Land über den Horizont steigen sah.

Wieder lehrten mich die zwei Kaufleute, die mich während der Fahrt schmählich vergessen und kein Wort mit mir geredet hatten, wie ich bei meinen Geschäften vorzugehen hätte. Auf ihren Rat hin tauschte ich meine Seidenballen mit reichem Gewinn in Gewürze und Duftöle, denn diese waren auf den Inseln und den Ländern im Norden, wohin unsere weitere Reise gehen sollte, sehr begehrt.

So fuhren wir über die freundliche See, getrieben von sanften Winden, von Stadt zu Stadt, von Insel zu Insel, von Land zu Land.

Mein Handel gedieh prächtig, obwohl mir andere Kaufleute oftmals vorwarfen, ich würde nicht genügend feilschen und handeln um einen guten Preis.

Das mag sein, war mir doch auch immer wichtig, dass mein Handelspartner nach Abschluss des Geschäftes ein ebenso zufriedenes Gesicht machte wie ich selbst. Gewissenhaft führte ich ein Buch, in dem ich alles, was mir wissenswert schien niederschrieb. Ich vermerkte die Eigenarten des örtlichen Handels ebenso, wie die Waren, die besonders begehrt waren und einen hohen Preis erzielten. Aber auch die Eigentümlichkeiten meiner Handelspartner notierte ich mir und wie mit ihnen am besten Handel zu treiben war.

Eines Tages, wir trieben schon seit über einer Woche in einer schweißtreibenden Flaute, führte uns der Meeresstrom an eine Insel, die war so lieblich und unvergleichlich schön, dass ich bei mir dachte, so muss der Garten des Paradieses aussehen.

Als der Kapitän in der stillen See, dicht unter Land vor Anker ging, und Kundschafter ausschickte, die nach einer Quelle suchen sollten, denn unser Wasservorrat bedurfte dringend der Auffrischung, schwankte die Landungsplanke. Seltsamerweise war das Land, auf welches sie gelegt wurde, nicht hart wie Erde oder Stein, sondern nachgiebig und trotzdem fest.

Die meisten Kaufleute nutzten die Gelegenheit, gingen auf die Insel, um sich von ihren Dienern eine heiße Mahlzeit auf einem Feuer bereiten zu lassen, denn an Bord des Schiffes gab es nur das Feuer des Schiffskoches und dessen eintönige Nahrung war nicht nach dem Geschmack feinerer Gaumen. Das niedrige Gestrüpp, welches am Strand überall wuchs, bot hierzu das nötige Feuerholz.

Ich jedoch lenkte meine Schritte auf eine kleine Anhöhe, denn ich wollte die Insel erkunden mit all ihren wundersamen Blüten und Büschen, den fremdartigen, bunten Vögeln, die sich die Brust aus dem Leib sangen. Süße Früchte pflückte ich auf meinem Weg, und schon bald hatte ich mich von meinen Reisegefährten entfernt. Nur von Ferne sah ich den dünnen Rauch ihrer Feuer in den strahlend blauen Himmel steigen.

Als ich die Anhöhe erklommen hatte, blickte ich erstaunt um mich, denn die Insel, so langgestreckt sie uns erschienen war an unserem Ankerplatz, war nicht sehr breit. Jenseits der Anhöhe sah ich wieder das Meer. Und ich sah noch etwas: Der Kapitän unseres Schiffes hatte begonnen, die Anker zu lichten und die Segel zu setzen. Offenbar wollte er davonfahren!

War er ein gemeiner Dieb, der uns Kaufleute hier auf der Insel zurücklassen wollte, um mit unseren Waren einen dicken Gewinn einzustreichen? Angefüllt mit Wut und Zorn, aber auch voller Angst, rannte ich die Anhöhe wieder hinunter, zurück an die Stelle, an der ich an Land gegangen war. Doch bevor ich noch dahin kam, bewegte sich die Erde unter meinen Füßen, so dass ich an ein schreckliches Erdbeben dachte. Ich stürzte zu Boden. Dann hob sich das Land bis hoch unter die Wolken, und als ich mich verzweifelt an ein Gebüsch klammerte und um mich blickte, sah ich hoch über mir einen riesigen, gespaltenen Fischschwanz, der sich vor die Sonne schob und ihr Licht verdeckte.

Offenbar war die Insel keine Insel gewesen, sondern ein riesiger Fisch, der schon so lange bewegungslos im Meer gelegen hatte, dass sich auf seinem Rücken ein paradiesischer Garten von Bäumen und Büschen, von Kräutern und Gräsern gebildet hatte. Es wurde dunkel wie in einer regenreichen Neumondnacht. Dann schlugen die Wogen des Meeres über mir zusammen und rissen mich hinab in die Tiefe.

Ich weiß nicht, wie lange ich kämpfen musste. Wasserspeiend, hustend, keuchend und nach Atem ringend, erreichte ich mit Müh und Not wieder die Oberfläche des Meeres, dessen Wellen immer noch schäumten wie nach einem schweren Sturm. In der Ferne sah ich das Schiff mit meinen, in langen Mühen erhandelten Gütern und Waren, unter allen Segeln eiligst der Ferne zustreben.

Ich wäre wohl elendiglich zugrunde gegangen, wenn aus den schäumenden Fluten nicht ein Waschzuber gestiegen wäre, den wohl ein Diener, der darin für seinen Herrn gewaschen hatte, auf die nun versunkene Insel gebracht hatte. Ich klettere darauf und war für das Erste gerettet.

Doch was gilt diese Errettung, wenn sich die wilde Jagd der fürchterlichen Gedanken beruhigt hat und wieder Atem schöpft.

Ich saß auf einem Zuber im weiten Meer und wünschte, die Wüste nie verlassen zu haben. Das Schiff, das mich retten hätte können, war schon längst unter dem Horizont verschwunden. Es wurde Nacht, und ich fürchtete mich nicht wenig, denn nun hatte ich Angst im Schlaf vom Zuber zu fallen, von Raubfischen gefressen zu werden, hier im unendlichen Meer zu verdursten, noch ehe ich den geringsten Teil meines Lebens gelebt hatte. Kein Auge schloss ich, immerfort paddelte ich in meiner Verzweiflung in die Richtung, in welcher mir der hellste Stern am Firmament zufunkelte, die ganze lange, finstere Nacht, bis die Sonne wieder neugeboren aufstieg aus dem Meer.

Aber so hoffnungsfroh ich mich auch umschaute, nirgendwo konnte ich Land entdecken. Oder ein Schiff.

Ich war so allein, wie ein Mensch nur sein kann.

Und ich hatte Durst, unendlichen Durst in einem Meer von Wasser.

Ich lag auf dem umgekehrten Zuber und paddelte mit Händen und Beinen den ganzen langen, heißen Tag. Bald schon lag mir meine Zuge aufgequollen im Mund. Reden konnte ich nicht mehr. Aber mit wem hätte ich auch reden können? Hier, allein auf meinem Zuber, inmitten des Meeres.

So verging der Tag voller Zweifel und obwohl ich alle Hoffnung schon lange aufgegeben hatte, paddelte ich weiter und weiter, wie der Frosch, in einer Geschichte, die mir einer meiner Lehrer in früheren Jahren erzählt hatte. Immer wieder murmelte ich diese Geschichte vor mich hin:

Zwei Frösche fielen beim Naschen in einen Becher mit Milch. Sie konnten nicht hinaushüpfen, denn der Becher war zu hoch.

„Ich werde sowieso umkommen", sagte der eine Frosch, „warum sollte ich mich noch mühen."
Er hörte auf gegen das Ertrinken anzukämpfen, ließ sich hinabsinken in die Milch und ertrank.
Der andere Frosch jedoch strampelte und stieß sich mit seinen kräftigen Hinterbeinen vom Boden des Bechers immer und immer wieder empor. Und als die Nacht vergangen war, und die Sonne wieder über den Horizont wuchs, da hatte er durch sein Treten und Stoßen aus der frischen Milch feste Buttermilch gestampft, so dass er ohne Mühe über den Rand des Bechers klettern und in die Freiheit entkommen konnte.
Auch diesen Lehrer hatte ich entlassen, weil ich dachte, ich sei erwachsen genug und wüsste mehr vom Leben als ein grauhaariger gelehrter Mann. Aber ohne seine Geschichte, hätte ich mich irgendwann einfach von meinem Zuber fallen lassen. Das Wasser war warm und die verlockende, erlösende, dunkle Tiefe, hätte mich aufgenommen, ohne dass irgendetwas von mir zurückgeblieben wäre. So aber mühte ich mich in eine Richtung, die mir das Gefühl eingab. Bald schon spürte ich Hände und Beine nicht mehr. Doch als es Abend wurde und die untergehende Sonne den Himmel und das Meer mit sanftem Rot bemalte, bemerkte ich, dass mich eine Strömung auf Land zuschob, das vor mir aus dem Wasser wuchs. Kaum glaubte ich meinen Augen zu trauen und mit verstärkter Kraft trieb ich meinen Waschzuber durch das Meer. Gerade als die Sonne unterging, gelang es mir, mich mit letzter Kraft an einem herabhängenden Zweig eines Baumes an die steile, felsige Küste hochzuziehen.
Als ich wieder festen Grund unter den Füßen hatte, dankte ich dem Erschaffer des Einen und Allen und sank bewusstlos nieder.

Durst weckte mich, noch bevor die Sonne aufgegangen war, und ich schlürfte gierig den Saft einer fremden Frucht, die mir ein verlockend tiefhängender Ast reichte. Erst als ich mich gestärkt hatte, begannen die Schmerzen in Beinen und Händen. Aufgeweicht, entzündet und gesprungen vom Salz war meine Haut. Nur unter Mühen konnte ich mich aufmachen, die fremde Küste zu erforschen und vielleicht Hilfe zu finden bei den Bewohnern dieses Landes. Manchmal konnte ich aufrecht gehen, oft jedoch schmerzten die Füße so, dass ich auf Knien und Ellbogen meinen Weg suchte wie ein kleines Kind.

Nach sieben einsamen Tagen und Nächten, in denen ich stets genügend zu essen und trinken fand, aber kein einziges menschliches Wesen, führte mich mein zielloses Herumirren eines Abends an einen breiten, golden leuchtenden Sandstrand, an welchem eine herrliche Stute festgepflockt war.

Als ich näher ging, wieherte sie mir ängstlich entgegen und versuchte sich loszureißen. Doch die Seile waren zu dick, die Pflöcke zu fest in den Sand gerammt.

Was für ein Pferd, dachte ich, als ich bei der Stute stand und ihr behutsam mit der Hand über den Hals strich. Sie rollte die Augen, und ihre Flanken zitterten vor scheuer Aufregung.

Da sah ich aus den Augenwinkeln, wie ein Mann aufgeregt gestikulierend über den Strand hinweg auf mich zurannte.

„Weg da!" schrie er ein ums andere Mal und winkte heftig mit den Armen. „Komm her. Schnell komm mit mir! Versteck dich!"

Er zerrte mich, immerfort auf mich einredend, mit sich in eine kleine Höhle nahe des Strandes. Da stand er dann schwer atmend vor mir.

„Wer bist du?" fragte er und musterte mich aufmerksam. „Und wie kommst du hierher?"

Ich erzählte ihm meine Geschichte und war froh und dankbar, nach den Tagen und Nächten eine lebendige Seele gefunden zu haben, denn darauf hatte ich schon fast nicht mehr gehofft.

Der Mann, der in bäuerlicher Tracht gekleidet war und ein offenes und ehrliches Gesicht hatte, war sehr erstaunt über meine Erzählung. Er pries den Erschaffer des Einen und Allen und dankte ihm für seine Wundertätigkeit.

Doch dann fragte ich ihn: „Nun sag mir aber auch, wer du bist und was du hier machst?"

„Ich bin der Mareschal des edlen Königs Mihrschán und für seine Pferde zuständig. Heute ist die Nacht, in der die Stuten brünftig sind. Ich und alle Pferdeknechte haben sie hierher gebracht, denn wenn der Mond voll und prall aus dem Meer steigt und sein geheimnisvolles Licht zu uns schickt, wird ein Seehengst aus den Wellen kommen, angelockt vom Duft der Stuten, die hier ringsum angepflockt sind. Er wird aus dem Meer steigen, schäumend wie ein fremdes Ungeheuer und eine der Stuten, die wir angebunden haben, bespringen. Das Fohlen, welches die Stute gebären wird, ist mehr als sein Gewicht in Gold wert. Unvergleichliche Pferde werden so gezeugt."

Ich äußerte meine Verwunderung, und war voller Fragen, denn von solchen Dingen hatte ich noch nie gehört. Der Mareschal wollte fortfahren in seinen fachkundigen Erklärungen, doch er wurde unterbrochen vom brünftigen Schnauben eines Hengstes.

„Still", bestimmte er. „Wage kaum zu atmen, sonst verscheuchst du den Hengst und alle Mühe war umsonst!"

So schwieg ich und verbiss mir meine Fragen, während ich aus unserer kleinen Höhle den Mond über dem nachtdunklen Meer aufsteigen sah in seiner ganzen geheimnisvollen Pracht. Und aus der weißglänzenden Glut, welche der nächtliche Gefährte der Sonne auf die schwarzschimmernden Wellen legte, stieg ein Hengst, wie ich noch nie zuvor einen gesehen hatte und niemals wieder danach einen sehen sollte. Laut wiehernd vor Lust stieg er schäumend aus dem Meer. Seeanemonen und Algen hatten sich in seiner Mähne verfangen.

Der Seehengst keuchte, während er die Stute besprang, dass mir Angst und Bang wurde bei diesem Anblick, und ich dachte, jeden Augenblick wird entweder er oder die Stute sterben. Doch als er von ihr abließ und auffordernd wieherte, sie solle ihm folgen, wäre die Stute ihm gerne gefolgt. Doch die Seile und die starken, in den Sand getriebenen Pflöcke widerstanden all ihrer Kraft, so dass sie schließlich mit zitternden Flanken, Schweißflocken atmend, den Kopf hängen ließ.

Da lief der Hengst zur nächsten Stute und besprang auch diese. Und als ihm auch diese nicht nachfolgen konnte, noch eine dritte.

Der Mareschal schlug sich in die Hände vor Staunen und rief: „So etwas ist noch nie geschehen. Niemals hat der Hengst mehr als eine Stute besprungen. Meine Augen sehen ein Wunder und dies ist sicher ein bedeutendes Zeichen für unseren König und das ganze Reich!"

Daraufhin stieß er ein lautes Gebrüll aus, schlug mit dem Schwert auf sein Schild und rannte an den Strand, wo die Stuten angepflockt standen. Die Knechte kamen ebenfalls schreiend aus ihren Verstecken.

Der Seehengst floh. Er warf sich den Wellen des Meeres entgegen, tauchte darin unter und verschwand. Niemals werde ich vergessen, mit welch unvergleichlicher Anmut er in das Meer galoppierte.

Die Knechte brachten Tische herbei und stellten sie auf, köstliche Speisen und Wein wurden gereicht und wir tafelten, bis die Sonne aufging. Dabei versicherten mir alle immer wieder, dass die heutige Nacht eine ganz besondere gewesen wäre, und da ich in dieser Nacht zu ihnen gekommen sei, müsste es damit eine besondere Bewandtnis haben.

Davon ließen sie sich nicht abbringen.

Als die Sonne in die Höhe stieg, räumten die Knechte alles zusammen, und wir ritten den ganzen Tag, bis wir zu einer reichen Stadt kamen, deren Zinnen hoch in den abendlichen Himmel ragten.

Unter allen Ehren wurde ich an den Hof des Königs Mihrschán geleitet und dort mit ausgesuchter Freundlichkeit empfangen. Ich bekam den Ehrenplatz neben dem König selbst zugewiesen und erlesene Köstlichkeiten wurden mir zu essen und trinken gereicht.

Als König Mihrschán vom Mareschal gehört hatte, was sich ereignete, und auch mich eingehend dazu bei dem wunderbaren Essen befragt hatte, zeigte er sich sehr erstaunt über die außergewöhnlichen Umstände meiner Reise, meiner Rettung und meines Erscheinens.

„Du musst vom Schicksal auserwählt sein, denn wie sonst wäre deine Rettung zu erklären und wie die außergewöhnliche Mondnacht, in der du Rettung fandest aus deiner Not?" sagte er.

Er versprach mir ein Fohlen der gedeckten Stuten, und ernannte mich dann zum Hafenmeister, der alle ein- und auslaufenden Schiffe zu verzeichnen hat. Er wies mir ein gastliches Haus zu und kleidete mich in kostbare Gewänder.

So war ich jeden Tag im Hafen, legte ein Schiffsregister an, notierte gewissenhaft alle Waren, die an Land gebracht und auch jene, die auf die Schiffe verladen wurden. Alle Kapitäne und Kaufleute fragte ich nach der Stadt des Friedens, meiner Heimatstadt. Aber keiner von ihnen, mochte er auch noch so weit gefahren sein auf allen bekannten Meeren, konnte mir Auskunft geben.

So vergingen Jahre, in denen ich mein Amt gut versah, Freunde aus aller Herren Länder fand und manch Sonderbares lernte und sah. So gab es im Reiche des König Mihrschán Fische mit Eulengesichtern, andere Fische sah ich, die waren mehr als zweihundert Ellen lang und sehr wohlschmeckend. Eine Insel gab es dort, auf der man die ganze Nacht Trommeln hört und Tamburine, und doch sind die Bewohner dort verständige und fleißige Leute, das habe ich jedenfalls bei einem Besuch feststellen können.

Ich lernte bei weisen Gelehrten die Künste der Astronomie und Astrologie, die mir noch oftmals in meinem Leben eine Hilfe sein sollten, stieg mit den Jahren immer höher in der Gunst des Königs Mihrschán und war bald der Vermittler bei Streitigkeiten zwischen verschiedenen Edlen und Fürsten des Reiches.

Fast schon hatte ich alle Hoffnung aufgegeben, meine Heimatstadt jemals wiederzusehen, als eines Tages ein großer Segler in den Hafen einlief, dem so mancher Sturm kräftig die Takelage zerzaust hatte.

Als das Schiff den Anker geworfen und die Landungsplanke ausgebracht hatte, ging ich an Bord, um eine Liste der Handelswaren anzufertigen. Der Kapitän, ein alter und erfahrener Seemann, mit einem zerfurchte Gesicht und karger Sprache, kam mir in seiner ruppigen Art bekannt vor. Doch in den letzten Jahren hatte ich so viele Schiffe kontrolliert, dass mir nicht mehr einfallen wollte, ob dieses Schiff schon einmal hier im Hafen festgemacht hatte. Als alles zu meiner und seiner Zufriedenheit erledigt war, deutete er auf einige Ballen mit wertvollen Hölzern, sowie auf metallbeschlagene Kisten, die in einer Ecke des Laderaums gestapelt waren.

„Diese Waren werden wir nun wohl auch zum Verkaufe freigeben", sagte er dann.

Auf meine Fragen, was denn damit besonderes sei, gab der Kapitän freimütig Auskunft.

„Sieben Jahre ist es nun her, dass wir einen jungen Kaufmann an Bord hatten, dem diese Waren gehörten. Damals ankerten wir an einer kleinen Insel, um unsere Wasservorräte aufzufrischen. Doch die Insel war in Wahrheit ein großer Fisch, der schon so lange unbeweglich im Meer gelegen hatte, dass Büsche und Bäume auf seinem Rücken gewachsen waren und Vögel dort nisteten. Nur mit großer Mühe konnte ich noch den Anker lichten", erzählte der Kapitän weiter und seine dunklen Augen wurden noch dunkler vor Trauer und Schmerz.

„Leider kam der Kaufmann, dem diese Waren hier gehörten, Sindbad der Unerfahrene wurde er genannt, nicht mehr rechtzeitig auf das Schiff zurück. Der Fisch hat ihn mit in die Tiefe gerissen, denn wo ich auch fragte in den vergangenen Jahren, wohin der Wind mich auch trieb, nirgendwo bekam ich Auskunft über ihn. Wir werden die Waren verkaufen und den Erlös seinen Angehörigen zukommen lassen."

Mein Erstaunen, als ich diese Geschichte vernahm, war ohne Grenzen. „Ich", stammelte ich fast sprachlos vor Aufregung, „ich bin jener Sindbad!" Dabei packte ich den alten Seefahrer bei den Schultern und schüttelte ihn. „Schaut mich an! Ich bin Sindbad, den ihr den

Unerfahrenen genannt habt. Ein glückliches Geschick hat mich an dieses Gestade getrieben, wo ich gerettet wurde und nun ein ehrenvolles Amt ausübe."

Misstrauisch musterte mich der Kapitän, aber er erkannte mich nicht. Zuviel Zeit war vergangen, ein Bart war mir gewachsen und meine Haare trug ich kurz, so wie es die Sitte des Landes vorschrieb.

Ich konnte mir wohl vorstellen, was sich der alte Seemann dabei dachte und bemühte mich, seine Zweifel zu zerstreuen. Aus meiner Jacke zog ich das Buch, in welchem ich all meine Erfahrungen aufgeschrieben hatte. Jene mit den Kaufleuten, mit welchen ich Handel getrieben hatte, aber auch jene, die mir mit dem Kapitän und unserer Reise aufgefallen waren. Alles was ich gelernt hatte über die Kunst des Segelns und der Navigation. So konnte ich ihm die kleinsten Begebenheiten erzählen, von dem, was sich auf unserer Fahrt zugetragen hatte, bevor mich der Fisch in die Tiefe riss. Ich konnte ihm beschreiben, was in den verschlossenen Kisten an Waren zum Verkauf war und manch anderes, was mir in den Sinn kam.

Nach und nach hellte sich die finstere Miene des Kapitäns auf, und als ich ihm schließlich meinen Siegelring zeigte, dessen Muster er auf den Waren wiederfand, kannte seine Freude keine Grenzen.

„Das ist wahrlich ein Wunder!" rief er aus, während er mich umarmte. „Am heutigen Tag wollte ich dich für tot erklären lassen und deine Waren verkaufen. Die Wege des Schicksals sind seltsam verschlungen und uns Menschen wahrlich nur schwer erklärbar. Aber ich danke dem, der das Eine und Alles erschaffen hat, dass ich dich glücklich und gesund vor mir stehen sehe und du nicht ertrunken bist."

Gemeinsam gingen wir zu König Mihrschán und erzählten ihm von der wunderbaren Begebenheit.

Er bedauerte sehr, dass ich den Wunsch äußerte, mit dem Kapitän zurück nach Basra zu segeln, da ich mich nach meiner Heimatstadt sehnte. Er wünschte mir auf meinem Lebensweg jedoch weiterhin alles Gute, überhäufte mich mit reichen Geschenken, und gab mir beim Abschied eines jener Hengstfohlen mit, welches am Tag meiner Rettung vom Seehengst gezeugt wurde.

Ein wohlwollender Wind blähte beständig unsere Segel, nachdem wir die Anker gelichtet hatten bei Tag und in der Nacht. So dauerte es kaum einen Monat, bis die farbenprächtig schillernden Türme und Minarette Basras aus dem Meer zu wachsen begannen, und ich nach langen Jahren wieder meinen Fuß auf die Erde setzen konnte, auf welcher ich aufgewachsen war.

Ich verkaufte meine Waren mit viel Gewinn, und in der Karawane, der ich mich auf ihrem Weg von Basra nach Bagdad anschloss, war ich einer der wohlhabenden Händler. Wohl waren andere angesehener, sie trugen die grauen Bärte der Erfahrung, und in ihren Augen glomm das Feuer durchlebten Wissens. Ich hatte zwar eine Geschichte zu erzählen, die ihresgleichen suchte an den nächtlichen Feuern in der Wüste, doch sie hatten noch ganz andere Geschichten erlebt auf ihren Reisen.

Die Wüste begann ich mit anderen Augen zu sehen. Ich achtete ihre Stille und Unerbittlichkeit, ebenso wie die des Meeres. Noch hatte ich die beiden nicht von ihrer wilden Seite erlebt. Noch nicht.

In Bagdad kaufte ich mir ein großes Haus mit Stallungen für Pferde und anderes Vieh, einem weitläufigen Garten mit einem ergiebigen Brunnen.

Ich konnte es mir leisten, trotz meiner Jugend.

Chacril, den Schreiber und Vertrauten meines Vaters, holte ich wieder zu mir, bat ihn um Verzeihung für mein Verhalten und übertrug ihm, meine Güter zu verwalten. Ich selbst sorgte für Mägde und Diener, Sklavinnen und Sklaven, lud zu unterhaltsamen Festen und vergaß auch nicht, mir einen erlesenen Harem zu gönnen, damit ich während der Nächte nicht alleine zu ruhen hatte.

Niemals mehr, so schwor ich mir, werde ich mich den Fährnissen und Gefahren stellen, die auf dem Meer lauern. Glücklich und bescheiden wollte ich meinen Wohlstand auf den Märkten und Bazaren mehren und das Leben in Ruhe genießen.

Bagdad, 190 Jahre nach Muhammeds Higra, 812 n.Chr.

„Da siehst du es", rief Kufhar. „Von niemandem hörte
ich so oft den Schwur, nie mehr hinauszufahren auf das
Meer." Er lachte dröhnend, dann glänzten seine Augen
in den Freuden der Erinnerung. „Ich war der Führer der
Karawane, mit der Sindbad von Basra nach Bagdad reiste. Ein junger Spunt, kaum so alt wie Sindbad. Aber die
Wüste war auch damals schon wie ein offenes Buch für
mich. Jedes Sandkorn erzählte mir eine Geschichte, und
das Flüstern des Windes war mir schon immer wie ein
Liebesversprechen, das sich im Brüllen des Sandsturms
erfüllte. Nie war mir bang in der Einsamkeit. Ich weiß
nicht, was Sindbad auf die See zieht. Mich zog es immer
in die Wüste." Er nickte Tawaddud zu. „Es gibt Männer,
die zieht es in die Wüste und andere, die zieht es auf das
Meer. Beide haben eines gemeinsam. Es zieht sie hinaus,
weil sie wissen wollen, was hinter dem Horizont ist. Was
sich hinter Meer und Wüste verbirgt und offenbart."
„Es zieht sie hinaus, weil sie entweder eine Frau suchen", entgegnete Tawaddud spitz, „oder weil sie ihrer
Frau nicht mehr Herr werden."
„Die Frau sei dem Manne untertan", grummelte Kufhar
in Richtung Tawaddud.
„Aber gerne doch auf weichem Lager", gab diese zurück.
Menaprena, der jüngste in der Runde, kicherte.
Der alte Aneas zog seine buschigen Augenbrauen in die
Höhe. „Nicht schon wieder, ihr zwei Streithähne",
stöhnte er in gespieltem Entsetzen.

„Henne", stellte Tawaddud lachend fest. „Wenn schon, dann Henne!"

Kufhar prostete ihr grinsend zu. Doch dann schaute er ernst und fragte Aneas: „Was erzählt man sich denn Neues im Palastbezirk vom nahenden Krieg?"

„Widersprüchliches", begann Aneas. „Die Anhänger des Kalifen sprechen von einer gewonnenen Schlacht in der Gegend bei Rayy. Andere flüstern hinter vorgehaltener Hand die Truppen al-Ma'muns, unter dem Befehl Tahirs, hätten das Heer Bagdads geschlagen und befänden sich unaufhaltsam auf dem Vormarsch, um den Kalifen aus dem Palast zu jagen. Die Lage ist verworren, aber al-Amin verschließt die Augen und gibt sich lieber seinen Vergnügungen hin."

„Er ist ein ungebildeter und machtbesessener Prolet, der niemals Kalif von Bagdad hätte werden dürfen!" sagte Menaprena mit schon ein wenig schwerer Zunge.

„Er ist der erstgeborene Sohn Harun al-Raschids und sein rechtmäßiger Nachfolger", gab ich zu bedenken.

„Harun hätte ihn schon längst abgesetzt, wenn er noch leben würde", stellte Tawaddud fest.

Keiner widersprach, denn alle wussten, dass Tawaddud bis zum Tode Harun al-Raschids dessen Lieblingskonkubine gewesen war und ihn so gut gekannt hatte, wie kaum ein anderer Mensch.

„Die ehemaligen Leibtruppen Haruns, die Söhne des Abassiden, wie sie sich seit seinem Tode nennen, sehen das ähnlich. In al-Harbiyya, ihrem Viertel, wird Kalif al-Amin auf offener Straße verspottet, und an den Häusern finden sich obszöne Schmierereien", sprach Aneas weiter. Er verzog den Mund. „Und welches Spiel sich al-Fadl ben ar-Rabi, der Wesir des Kalifen, ausgedacht hat, das weiß auch noch niemand."

„Der Graue", Kufhar verzog verächtlich die Lippen. „Der Kalif ist eine Fingerpuppe für seinen Wesir, das ist doch überall bekannt.

„Al-Amin hätte das Testament seines Vaters Harun al-Raschid nicht ändern dürfen", sagte Aneas. „Das werden ihm die Söhne des Abassiden nicht verzeihen."

„Wie? Was?" wollte Menaprena wissen. Er war mit Sindbad einst aus dem fernen Sarandib nach Bagdad gekommen und interessierte sich nicht so sehr für innenpolitische, familiäre Streitigkeiten. „Ein Testament kann man doch nicht ändern!"

„Al-Amin tat es doch!" sagte Aneas. „Und damit hat er nun ein Problem!"

Menaprena sah ihn mit hochgezogenen Augenbrauen an. Dann zuckte er wortlos mit den Schultern.

„Die Sache ist die", erklärte Aneas, „Harun al-Raschid, sein Name sei gepriesen, bestimmte in seinem Testament, dass al-Amin, sein erstgeborener Sohn, ihm nachfolgen soll auf den Thron des Kalifen von Bagdad. Und wenn al-Amin stirbt, dann soll ihm sein Bruder, der Zweitgeborene Haruns, al-Ma'mun, nachfolgen. So hat der Kalif von Bagdad, Harun al-Raschid Ibn Muhammad al-Mahdi Ibn al-Mansur al-Abassi, der Schatten Gottes auf der Erde, seine Nachfolge bestimmt in seinem Testament ..."

„ ... das im Heiligtum in Mekka, in der Kaaba selbst, bezeugt wurde und aufbewahrt wird", warf Tawaddud ein. Aneas nickte ihr zu. „Das ist richtig."

Dann schwieg er, bis ihn Menaprena mit großen Augen ansah und fragte: „Ja, und?"

„Als al-Amin einen Sohn gezeugt hatte", erklärte Tawaddud ihm schließlich, nachdem Aneas immer noch schweigend irgendwelchen Gedanken nachhing, „änderte er das Testament und bestimmte, dass sein neugeborener Sohn der rechtmäßige Nachfolger auf dem Thron des Kalifen von Bagdad sein solle. Und nicht sein Bruder."

„Und er hat bestimmt, dass bei allen öffentlichen Gebeten, sein Sohn, dieser Säugling, als kommender Kalif ausgerufen wird", fügte Johann hinzu.

„Nun verstehe ich, dass Haruns zweitgeborener Sohn Zorn verspürt, wenn er an seinen Bruder denkt", sagte Menaprena. „Es gibt Dinge, die darf man nicht tun!"

„So ist es", sagte Kufhar und kratzte sich am Bart. „Ich werde mich ein wenig umhören. Mir scheint, es ist ratsam einige Dinge vorauszuplanen. Denn falls die Streitkräfte Bagdads tatsächlich geschlagen werden, stehen al-Ma'muns Truppen noch in diesem Jahr vor den Toren unserer Stadt. Und was dann weiter geschieht, in diesem unsäglichen Bruderkrieg um den Platz auf dem Thron des Kalifen, das kann wohl niemand vorhersagen."

„So ist es", nickte Menaprena mit müdem Blick.

„In einigen Tagen werden wir mehr erfahren haben. Eines ist sicher, wir leben in bewegten Zeiten. Achtet auf euch und die um euch sind." Aneas erhob sich ächzend.

„Ich werde dir so schnell als möglich Nachricht geben, damit du den Brief an Sindbad abschicken kannst", versprach er mir beim Abschied.

Nachdem sich auch Menaprena und Kufhar schwankend verabschiedet hatten, legte sich eine friedliche Stille über das Anwesen Sindbads, welches bis hinunter ans Ufer des Tigris reichte. Auf dem Fluss konnte ich die Lampen der kleinen Fischerboote tanzen sehen, unwirklich wie fröhliche Leuchtkäfer. Wenn die Wüste ausatmete und ihren Hauch über den Fluss schickte, brachte sie den leisen Klang von Trommeln und Gesang, von

Drehleiern und Zimbeln mit sich. In den Karawanserails jenseits des Flusses, am Rande der Wüste, brannten die Feuer die ganze Nacht, und wer wollte, fand hier fast alle Vergnügungen, die er sich vorstellen konnte.

Und manch andere darüber hinaus auch noch.

Tawaddud war hinter mich getreten und legte mir ihre Arme um den Bauch. Langsam lehnte ich mich gegen sie und sah hinauf in den Sternenhimmel, bevor ich meine Augen schloss.

Ich würde wohl schon bald mit dem Besuch eines Steuerbeamten rechnen müssen. Seit Kalif al-Amin eine Sondersteuer vom zehnten Teil aller Einkünfte zur Finanzierung seines Heeres und des Krieges gegen seinen Bruder al-Ma'mun erhoben hatte, weigerte sich Sindbad, Geschäfte zu tätigen. Zumindest solche, für die er in Bagdad hätte Steuern entrichten müssen. Andere taten dies zwar auch, aber Sindbad hatte es öffentlich verkünden lassen. Einen Krieg wollte er mit seinem Vermögen nicht unterstützen. Auch aus diesem Grund, war es Sindbad verboten worden, Bagdad zu verlassen.

Nun ja, nun war er weg!

Meine Unterlagen waren in Ordnung, die Inventarlisten auf dem neuesten Stand, und unsere Kredite, für die wir Zinsen zu bezahlen hatten auch. Es gab keinen Grund mehr, Sindbads Abwesenheit zu verschweigen.

„Unser Herr hat uns verlassen", würde ich dem Beamten der Steuerbehörde des Kalifen sagen. „Er hat uns leider verschwiegen, wohin er sich gewandt hat. Das ist sein gutes Recht."

Es war noch früh am nächsten Morgen, als ich schon unterwegs war. Einen alten Mann wecken am Morgen die ungelösten Gedanken der Nacht. Manchmal bieten sie neue Antworten auf alte Fragen, manchmal alte Antworten auf neue Fragen.

Ich eilte an der großen Moschee al-Mahdis vorbei und warf einem Bettler, der dort eben erwachte eine Kupfermünze zu. Er beteuerte, für mich und die meinen Gebete zu sprechen und dankte mir laut und überschwänglich für meine Freizügigkeit. Andere Bettler drängten sich um mich. Auch sie wollten beschenkt werden. Nur mit Mühe konnte ich mich ihrer erwehren. Auch unter Haruns Herrschaft hatte es arme Menschen gegeben in dieser Stadt. Aber keine Bettler, denn er hatte allen eine Arbeit gegeben, die ihnen das Brot ihrer Tage sicherte. Kein Mensch musste in seiner Würde soweit sinken, dass er auf Almosen anderer angewiesen war.

An der Brücke über den Tigris, einem Bauwerk, das Harun al-Raschid geschaffen hatte, standen einige Soldaten der Stadtwache. Sie musterten mich misstrauisch, sprachen mich jedoch nicht an. Schließlich erreichte ich das Gebäude, in welchem die Zollbehörde untergebracht war. Ein Bekannter aus alten Zeiten leitete sie, und so hatte ich schnell herausgefunden, in welchen Karawanserails Kaufleute angekommen waren, die mir von ihren Reisen in den Westen berichten konnten. Die nördlichen und östlichen Handelsstraßen waren nahezu ausgestorben, aber auf die wollte ich mein Augenmerk auch nicht richten. Gegen Mittag war ich im Karawanserail, das auch Klein-Basra genannt wurde. Hier sammelten sich die Karawanen, um sich für den Weg nach Basra zu rüsten, oder sie trafen von dort hier ein. Die Kamele lagen dösend in den Koppeln, und auf dem weitläufigen, von Ställen gesäumten Innenhof, wurde gerade lautstark eine Ladung Bauholz versteigert. Ich fragte mich durch, bis ich Alexandro di'Benatti gegenüberstand, einem Kaufmann, der vor zwei Tagen hier eingetroffen war. Ich sah einen gedrungenen, quirligen Mann in mittlerem Alter. Sein wacher Blick musterte mich aufmerksam und offen. Nach einigen höflichen Floskeln zu Beginn, setzten wir uns in das Kaffeehaus des Karawanserails und bestellten Mokka, süßes Gebäck und Wasserpfeifen und fanden schnell zu einem freundschaftlichen Gespräch. Alexandro di'Benatti war Mitbesitzer einer venezianischen Handelskompanie und über Sousse, Tripolis, Alexandria, Kairo und Basra nach Bagdad gekommen. Ich befragte ihn eingehend zu seinem Reiseweg, und er gab mir bereitwillig Auskunft, denn ich konnte ihm die besten Handelsmöglichkeiten in Bagdad nennen, sowie die derzeitigen Preise, die er für seine Waren erzielen konnte.

So erfuhr ich, bei wem es die neuesten und besten Karten mit den Reisewegen nach Saisuda gab, aber auch welche Orte und Herbergen man am besten meiden sollte. Wenn es mich näher interessiert hätte, hätte sich mein Wissen um die besten Bordelle, ihre Betreiber und Spezialitäten zwischen Sousse und Bagdad auch vermehren können. Doch ich winkte dankbar ab. Mehr interessierte mich der Seeweg von Sousse über Tripolis nach Alexandria. Er erzählte mir von seinen Beobachtungen und Begegnungen mit der byzantinischen Flotte und einem Piratenschiff, auf dessen Trick mit dem geborstenen Masten er fast hereingefallen wäre.

Wir schieden in Freundschaft, denn einer hatte dem andern mit seinem Wissen geholfen.

Den ganzen Tag sammelte ich so Informationen, von Reisewegen und despotischen Stadtherren, die Karawanen mit wenig Schutztruppen festhielten, bis die hor-

renden Wegezölle bezahlt wurden. Ich hörte von unsicheren Gebieten, Aufständen und den Gewässern, in denen Piraten lauerten.
Und ich versuchte, Seemannsgarn und Wahrheit auseinanderzuhalten.
Bevor ich mich heimwärts wandte, setzte ich mich in ein Kaffeehaus an einen kleinen, runden Tisch aus bläulich-weißem Marmor. Ich zog einige dünne Wachstäfelchen hervor und notierte mir gewissenhaft, was ich erfahren hatte, trank heißen, dicken Mokka und rauchte eine gemütliche Pfeife.

Es ging auf den Abend zu, als ich die schmale Seitentür im großen Eingangsportal öffnete. Ich wunderte mich, dass der Torhüter nicht auf seinem Platz saß. Seltsam still war es im gesamten Anwesen, nur einige Hunde hörte ich kehlig knurren. Schnell schob ich die Wachstafeln mit meinen Aufzeichnungen in einen Spalt über dem Eingangsstein der Tür.
Da hörte ich schon hastige Schritte auf mich zukommen. Zwei, drei, vier Soldaten der Palastwache rannten mir entgegen, das Schwert gezogen. „Bleib stehen, wo du bist!" befahlen sie mir in barschem Ton.
Mein Körper verharrte reglos, während meine Gedanken sich überstürzten. Das waren keine Beamten der Steuerbehörde. Dessen war ich mir sicher.
Was war geschehen?
Grobe Hände tasteten mich nach versteckten Waffen, vielleicht auch anderem ab. Doch sie fanden nichts. Die Soldaten traten zur Seite und ein unscheinbarer Mann mit schütterem Haar und einem Spitzbart, der von Mäusen zerfressen schien, schaute mich drohend an.

„Wo ist Sindbad, dein Herr?" verlangte er von mir zu wissen. Seine Stimme überschlug sich dabei vor eingebildeter Wichtigkeit.

Ich sagte, was ich zu sagen hatte und fragte mit unschuldiger Stimme, ob ich ihm zu Hilfe sein könnte und um was es denn ginge?

Er knurrte mich an wie ein hungriger Kettenhund, dem ein Brocken Fleisch dicht, aber unerreichbar, vor die Nase geworfen wird.

„Wir wissen, wer sich hier getroffen hat am gestrigen Abend", raunzte er dann. „Und wir glauben zu wissen warum! Sindbad wird der Spionage angeklagt. Ihm wird vorgeworfen, seine Erfahrung, seine Weisheit und sein Vermögen al-Ma'mun zur Verfügung zu stellen. Dem Feind des Kalifen, dem Feind Bagdads. Und darauf steht die Todesstrafe! Und wenn ich etwas finde, das mir sagt, dass du mir den Aufenthaltsort von Sindbad verschweigst, freut sich der Scharfrichter auch!"

Ich nickte und versuchte demütig dreinzuschauen, denn ich war müde und wollte meine Ruhe. Außerdem war ich sehr beruhigt, dass hier im Hause nur Tawaddud und ich wussten, wohin Sindbad gereist war und was er vorhatte. Und dass der Brief, den Sindbad mir geschickt hatte in einem Versteck lag, das niemand entdecken würde außer Sindbad selbst, dessen konnte ich mir auch sicher sein.

So hörte ich zwar die Drohungen des Kettenhundes als er ging, dass er das Anwesen und meine Geschäfte wohl im Blick halten würde und bei den geringsten Anzeichen mit aller Schärfe zuschlagen werde, maß dem aber nicht allzuviel Bedeutung bei.

Sindbads Handelshaus war eines der bedeutendsten des Reiches, und sein Wissen und sein Rat war bei Harun al-

Raschid, dem Vater des jetzigen Kalifen, von Gewicht und Bedeutung gewesen.

Egal was geschah, hilflos waren weder wir, noch Sindbad.

Sie hatten alle Aufzeichnungen in Sindbads Gemächern durchsucht, deren sie habhaft werden konnten, Truhen geöffnet, Schränke und Ablagen durchstöbert. Inventarlisten und Vermögensaufstellungen hatten sie mitgenommen. Doch gefunden hatten sie offensichtlich nichts, was ihre Anklage, Sindbad sei ein Spion und ich sein Helfer, gestützt hätte.

Nachdem ich die Unterlagen wieder einigermaßen zusammengeräumt hatte, ging ich ins Badehaus und hieß die Sklaven, heißes Wasser zu bereiten und mit Lilienöl zu mischen. Dann entkleidete ich mich und ließ mich in ein kleines Becken gleiten, das mit warmem Wasser und heilkräftiger Erde aus Tabhari gefüllt war.

Tief atmend schloss ich die Augen und ließ mein inneres Auge wandern, wohin es wollte. Der alte Aneas kam mir in den Sinn. Er lebte im Palastbezirk und hatte die besten Kontakte zu allen hohen Beamten des Kalifen. Wenn er die Lage als verworren bezeichnete, dann war dies in Wirklichkeit ein schönes Bild dafür, dass wir auf einem Fass griechischen Feuers saßen, das sich jeden Augenblick entzünden konnte.

Und wer würde den Brand dann löschen können?

Al-Ma'mun, der zweite Sohn Harun al-Raschids, der im Osten des Reiches, in Chorason seine Streitmacht gesammelt hatte, um gegen Bagdad und seinen Bruder, den jetzigen Kalifen zu ziehen? Oder der Wesir des Kalifen, al-Fadl ben ar-Rabi, der Graue? Was plante er? Was war mit dem Clan der Barmakkiden, jener einflussreichen Händlerfamilie, die unter Harun al-Raschids Herrschaft nahezu entmachtet wurden? Steckten sie mit dem Grauen unter einer Decke?

Schließlich stieg ich aus dem Schlammbecken. Zwei Sklaven wuschen mich mit dem vorbereiteten Wasser und der Duft des Lilienöls stieg mir in Nase und Kopf. Als ich auf dem Heizstein aus Marmor lag und mich behutsam massieren ließ, weiteten sich meine Gedanken und flogen mit dem zarten Duft davon.

Und wieder kam mir der alte Aneas in den Sinn, der sicher schon wusste, von wem die Beamten und Wachen heute mit der Durchsuchung hier beauftragt worden waren.

Ich erinnerte mich, wie Sindbad ihn damals kennengelernt hatte auf seiner zweiten großen Reise.

SINDBADS ZWEITE REISE

Mein Reichtum mehrte sich, fast ohne eigenes Zutun. Chacrils kundigem Tun und seinem Blick entging nichts, was mir und meinem Wohlstand hätte schaden können. So lebte ich einige Zeit friedvoll in Bagdad, genoss meine Reichtümer und meine Freunde, die langen Nachmittage und Abende im Dampfbad und meinen Harem.

Doch eines Abends ging ich am Ufer des Tigris spazieren. Ich sah die Boote hinabtreiben mit der Strömung, Basra und dem Meer entgegen. Und weit im Westen, jenseits der Wüste, ging die Sonne unter wie rot kretischer Wein. Und ich wusste, dass hinter der Wüste ein Meer lag, in dem die Sonne ihre Glut löschte und sich aufmachte auf ihre lange Reise durch die Nacht. Ich vermeinte den salzigen Atem der See auf meinen Lippen zu schmecken, und im selben Augenblick war, was ich mir geschworen hatte, wie weggeblasen von einem leise seufzenden Kuss des Meeres.

Ich teilte dem zeternden Chacril meinen Entschluss mit, beauftragte ihn, mein Haus bis zu meiner Wiederkehr zu beaufsichtigen und zu verwalten, verkaufte einen Großteil meiner Besitztümer, um damit Waren zu erstehen und ein zweites Mal über das Meer zu fahren und Handel zu treiben.

Ich wartete, bis sich auf dem Kamelmarkt die Kunde verbreitete, eine große Karawane würde zusammengestellt, um nach Basra zu reisen. Ich erkundigte mich über den Führer der Karawane, sprach mit diesem und jenem und beschloss dann, mich ihr anzuschließen. Als ich mit den Führern der Karawane sprach, wurde ich mit Achtung und Ehrerbietung behandelt, denn meine Erlebnisse hatten sich herumgesprochen an den nächtlichen Feuern der Reisenden. Meine Waren wurden sorgfältig verpackt, und ich bekam, trotz meiner Jugend, einen ehrenvollen Platz zugewiesen bei den abendlichen Rasten an verborgenen Brunnen oder in den Oasen auf unserem Weg nach Basra, dem zinnenbewehrten Juwel am Meer.

Der Weg durch die Wüste zog sich wie zäher Kautschuk. Wollte er denn kein Ende nehmen? Das Meer, die Wellen wollte ich endlich wieder sehen, schmecken, hören, atmen, fühlen.

Es zog mich in den Hafen, als wir nach langen Tagen und Nächten, in denen ich knirschend Sand kaute und aß mit jedem Bissen, endlich unser Ziel erreicht hatten. Hin wollte ich zu den vertrauten Plätzen.

Das eine oder andere Schiff erkannte ich wieder von meiner ersten Reise. Ich wechselte hier einige Worte, plauderte dort mit einem Schiffsführer und erhielt wichtige Ratschläge und Empfehlungen für meine geplante Handelsreise.

Auch traf ich die beiden grauhaarigen Kaufleute wieder, unter deren Obhut mich Chacril bei meiner ersten Reise gestellt hatte. Einige Abende saßen wir zusammen und sprachen über unsere Erlebnisse und Vorhaben. Wieder nannten sie mir Namen von Handelspartnern, gaben Auskunft über Geschäftsfreunde und hatten sichtlich Freude daran, mich an ihren Kenntnissen teilhaben zu lassen. Sie halfen mir, ein neues Schiff mit starken Planken, festem Segeltuch und einen Kapitän zu finden, dessen Erfahrungen außer Zweifel standen. Andere Kaufleute waren schon an Bord und hatten ihre Waren verstaut. Wir wurden schnell einig über Ziele und den Preis, den ich dafür zu zahlen hatte, und so rüstete ich mich und meine Waren für eine lange Reise. Schließlich war alles gut verstaut, gegen Wind, Wellen und Wetter gut gesichert, die Vorräte eingekauft, die Wasserfässer gefüllt.

Es war noch dunkel, als die Landungsplanken eingeholt wurden und knirschende Taue die Anker hoben. Unser Schiff drehte in der Strömung, die Seeleute zogen die Segel empor und ein ablandiger Wind schob uns vor sich her auf das Meer hinaus.

Neben dem Leuchtfeuer sah ich den kleinen Schein unzähliger Kochstellen, auf denen die Menschen sich jetzt ihren Morgentee kochten und sich vorbereiteten auf ihr Tagewerk.

Wieder schaute ich mit einem Auge wehmütig zurück auf Basra und das versinkende Land. Das andere jedoch blickte über den Bug, hin zum Horizont und wartete gespannt darauf, welches fremde Land dort auftauchen würde.

Günstige Winde ließen uns gute Fahrt machen, und wir Kaufleute konnten uns über ausgezeichnete Handelsplätze und gewinnreiche Geschäfte nicht beklagen.

So segelten wir bald hierhin bald dorthin, von Insel zu Insel, von Hafen zu Hafen, von Land zu Land.

Jedoch immer nach Westen, denn dort, so hoffte der erfahrene Kapitän, würden wir vielleicht jenen Kontinent finden, von dessen Reichtum in vielerlei ernsthaften Berichten, jedoch auch in allerlei Legenden, erzählt wurde.

Eines Tages ließ der Kapitän in einer Bucht vor einer verlockenden Insel die Anker fallen. Baumreihen schwangen sich über die Klippen hinauf und spendeten reichlich Schatten. Unzählige Vogelrufe kündeten von einer gefiederten Pracht und an den Bäumen reiften fremde Früchte, deren Wohlgerüche ich im lauen Wind atmete.

Wie viele andere, ging auch ich vom Schiff, um meine Beine auf der Insel zu vertreten. Ich hatte ein wenig Brot und Käse bei mir und einen Trinkbeutel mit Wein. An einer kleinen Quelle fand ich einen Platz auf trockenem Moos und setzte mich, mit dem Rücken an einen alten Baum gelehnt, um zu rasten. Ich aß und trank und lauschte dem ans Licht drängenden Wasser. Der gleichmäßige Singsang der murmelnden Quelle ließ mich die Augen schließen.

Sprach die Quelle zu mir oder träumte ich?

Ich weiß es auch heute noch nicht zu sagen. Aber die verlockende Süße dieses Traumes, unter dem alten Baum an der kleinen Quelle, werde ich mein Leben lang nicht vergessen. Und was hernach geschah auch nicht mehr.

Als ich erwachte, lag ich auf dem Rücken und sah durch die dunklen Blätter, in denen ein lauer Wind spielte, die gleißend helle Straße der Sterne hoch am nächtlichen Himmel. Um mich tönten die Stimmen der Nacht, und in der Ferne glaubte ich das Heulen wilder Raubkatzen oder Wölfe zu hören.

Erschrocken rannte ich zurück an den Strand. Aber die Bucht lag verlassen, das Schiff hatte den Anker gelichtet und war davongefahren, ohne dass jemand mein Fehlen bemerkt hätte.

Wie konnte dies sein?

Lange stand ich und starrte fassungslos auf das unendlich weite, unendlich leere, nächtliche Meer, auf dessen Wellen die kleinen Silberzungen des Mondes das Licht der Sterne tranken.

Dann begann ich mit meinem Schicksal zu hadern. Wie hatte ich mich auch nochmals auf das Meer hinauswagen können? War mir mein glückliches Schicksal der ersten Reise nicht Warnung genug gewesen? Warum hatte ich nicht eine Karawane ausgerüstet und war durch die Wüsten gezogen, hin zu anderen Handelsstätten, wenn ich denn schon glaubte, ich sei ein Kaufmann? Weshalb zog es mich hinaus auf das Meer, wo ich doch alle Annehmlichkeiten in meiner Heimatstadt, der Stadt des Friedens, genießen hätte können bis an mein Lebensende und sei es auch noch so fern?

Verbittert machte ich mir so selbst Vorwürfe, bis am jenseitigen Horizont die Sonne emporstieg, um einen neuen Tag zu begrüßen. Erschöpft sank ich nieder und schalt mich selbst einen Narren, die Nacht nicht mit erholsamem Schlaf verbracht zu haben, denn nun war ich zu müde, um die Umgebung zu erkunden.

Vielleicht fand sich eine Behausung in der Nähe, ein Gehöft, ein Fischerdorf, eine Stadt, einen Hafen.

Ich hatte die halbe Nacht damit zugebracht, mich einen Dummkopf zu heißen, anstatt darüber nachzudenken, was ich zu meiner Rettung und zu meinem Überleben tun könnte. Erst gegen Mittag, die Sonne brannte schon senkrecht und heiß vom Himmel, und der kühlende Wind war fast gänzlich eingeschlafen, raffte ich mich auf und ging los, zu erkunden, wo ich gestrandet war.

Schon bald musste ich feststellen, dass ich auf einem kleinen Eiland war, und dass es außer mir offensichtlich keine menschliche Seele hier gab. In meiner Verlassenheit und Seelenpein gab ich mich verloren. Auf einem Hügel ließ ich mich niedersinken und klagte verzagt: „Nicht immer bleibt der Krug heil. Bei meiner ersten Reise wurde ich noch von jemandem gerettet, der mich fand und mit sich nahm in eine bewohnte Gegend. Doch hier ist weit und breit niemand, der mich retten könnte. Und, wer weiß, ob ich noch leben werde, wenn denn jemals ein Schiff seinen Kurs hierher findet und mich mit sich nehmen könnte."

Gerade als die Sonne unterging, kletterte ich auf den höchsten Baum in der Umgebung und sah mich noch-

mals um. Auf allen Seiten war ich eingeschlossen vom
Meer. Doch mir war, als würde auf einem entfernten
Hügel etwas im letzten Licht der Sonne blinken, wie
eine hohe, blendend weiße Kuppel.

Ich ging darauf zu, solange das Licht der Dämmerung
und später der aufsteigende Mond mir einen Weg wie-
sen. Bevor aber alles in Dunkelheit versank, suchte ich
mir in einem hohlen Baum einen Lagerplatz und verbrachte dort die Nacht.

Schon früh am Morgen brach ich wieder auf und
erreichte noch vor Mittag das seltsame Gebilde, das ich
am gestrigen Abend entdeckt hatte. Glatt und blank wie
makelloser Marmor lag es, wie eine große Kuppel, die
aus der Erde drängt, auf einer weiten Wiese. Vergeblich
suchte ich eine Öffnung oder eine Tür. Auch daran em-
porzuklettern war mir nicht möglich. Zu entkräftet war
ich schon und zu glatt war die Kuppel gebaut. Ich mar-
kierte eine Stelle und schritt um das weiße Gebilde.
Fünfundfünfzig Schritte brauchte ich, bis ich wieder zu
meinem Ausgangspunkt gekommen war.

Inzwischen war es heller Mittag, und die Sonne brannte
auf mich nieder. Ich trank den letzten Rest Wein, aß die
verbliebenen Krümel Käse und Brot und kauerte mich
dicht neben die weiße Kuppel in einen winzigen Rest
Schatten, der mir dort verblieben war. Längst war ich
jenseits der Verzweiflung. In dumpfer Schwermut saß
ich und starrte blicklos vor mich hin.

Doch mit einem Mal erlosch das Licht der Sonne, obwohl sie auf ihrem Weg zum Horizont kaum über ihren
höchsten Punkt hinweg geschritten war. Es war, als ob
sich der Mond vor ihr Antlitz geschoben hätte.

Als ich aus der Finsternis herausspähte, sah ich einen
riesenhaften Vogel auf die Insel zufliegen. Seine Schwin-

gen und sein Leib löschten das Licht der Sonne und des Tages, und ich begann zu zittern vor Angst, denn ich erinnerte mich an die Legenden, die sich um den Vogel Ruch rankten. Davon war mir nicht nur im Reich des König Mihrschán oft erzählt worden.

Ich wusste, dass er seinen Jungen ausgewachsene Elefanten ans Nest zum Füttern brachte, aber auch einen erwachsenen Mann nicht verschmähte, wenn er keine größere Beute finden konnte. Gesehen hatte ich dieses fliegende Ungetüm allerdings noch nie.

Plötzlich fiel es mir wie Schuppen von den Augen. Ich war nicht um eine kunstvoll gearbeitete Kuppel gewandert, sondern um ein noch nicht ausgebrüteten Ei des Vogel Ruch.

Zitternd drückte ich mich so eng es ging an das Ei, denn um unbemerkt davonzulaufen, war es schon lange zu spät. Und richtig, der riesenhafte Vogel flog herbei. Er flatterte so heftig, dass mich der Sturm, den er dabei entfachte, fast davongefegt hätte. Dann setzte er sich auf das Ei, die Füße sorgfältig zur Seite faltend, um es weiter zu bebrüten.

Ich dankte im Stillen dem Erschaffer des Einen und Allen, band langsam und vorsichtig meinen Gürtel um ein Bein des Ungetüms und um meinen Leib. Ich dachte mir, dass dieser riesenhafte Vogel es wohl kaum spüren würde, wenn er mich auf seinem nächsten Flug, wer weiß wohin, mitnehmen würde.

Ich fand keinen Schlaf in dieser Nacht. Wer vermag die Gedanken zu zählen, die durch meinen Kopf wanderten, wie eine blökende Schafherde.

Am nächsten Morgen, noch bevor die Sonne aufgegangen war, schüttelte sich der Vogel Ruch mit einem lauten, durchdringenden Schrei. Er erhob sich von seinem

Ei und schraubte sich mit mächtigen Flügelschlägen in den Himmel. Ich hatte mich gut festgebunden, und so lag ich wohlgebettet in seinem weichen Bauchgefieder, während er höher und höher flog, dem erwachenden Tag entgegen.

Niemals mehr sah ich die Sonne schöner über die Welt steigen als an jenem Morgen. Und dafür bin ich dem Vogel Ruch auch heute noch dankbar, wenngleich ich ihn schon wenig später nicht schlecht verfluchen sollte.

Nach einiger Zeit gleichmäßigen Fluges, stürzte er sich nämlich lotrecht aus großer Höhe hinab auf die Erde. Ich konnte kaum mehr atmen, da mir der Sturz die Luft aus dem Munde riss. Kaum auf der Erde angekommen, schlug der Vogel Ruch seine Krallen in den Leib einer palmbaumgroßen Schlange und zerhackte mit dem Schnabel ihren Kopf. Gerade noch fand ich Zeit mich loszubinden, da flog das Ungetüm schon wieder auf, die riesenhafte Schlange, die sich in ihrem Todeskampf immer noch wand, in seinen Fängen.

Benommen sah ich mich um und erschrak zu Tode. Ich befand mich in einem tiefen, lotrecht aufsteigenden Felsental, auf dessen Grund und in dessen Wänden unzählige Diamanten glitzerten und glänzten, dass man von ihrem Funkeln erblinden konnte, wenn man die Augen nicht abwandte.

Hell gleißend spiegelten die edlen Steine die Sonne, doch über und zwischen ihnen, wanden sich zahllose riesige Schlangen, gerade von jener Art, wie sie der Vogel Ruch zwischen seinen Klauen davongetragen hatte.

Voller Bitterkeit verfluchte ich mein Schicksal, dem ich noch kurz zuvor ein freudiges Lied gesungen hatte, da ich glaubte, der Flug würde mich in eine Gegend bringen, in der ich auf eine menschliche Behausung treffen könnte. Doch nun stand ich hier inmitten mächtiger Schlangen, die zischend umherzüngelten, mich jedoch nicht wahrnahmen, da ich feststand wie ein steinernes Standbild.

Kaum wagte ich zu atmen oder zu blinzeln. Ich erinnerte mich mit Scham an den alten Lehrer, der mir vom Leben der Tiere und den Dingen der Natur erzählte in meiner Jugend. Auch diesen hatte ich entlassen, damals. Wenn er mich nicht gelehrt hätte, dass Schlangen niemanden wahrnehmen, wenn er sich nicht bewegt, wäre ich vielleicht in heller Angst davongelaufen, und so eine sichere Beute der Bestien geworden. Im Stillen leistete ich Abbitte und bat um Verzeihung für mein Tun. So stand ich still, ich weiß nicht mehr wie lange, bis sich erneut ein Schatten vor die Sonne schob. Aufgeregt wimmelten die Schlangen zur Seite und verschwanden in Felsspalten und Höhlen, hinter Steinen und unter lockerem Geröll. Mit Getöse näherte sich ein weiteres Mal der Vogel Ruch, um sich eine Beute zu holen.

Das gab mir Zeit, mich in eine Höhle zu flüchten, vor deren Eingang ich einen großen Stein rollte.

Ich wusste aus den Erzählungen, dass die riesenhaften Schlangen in der Nacht wieder aus ihren Verstecken zu kommen pflegten, denn im Schutz der Dunkelheit waren sie sicher vor dem riesenhaften Vogel, und so gedachte ich am nächsten Morgen hinauszugehen, um zu sehen, ob ich dieses tiefe, steile Tal nicht doch irgendwie verlassen könnte.

Als ich mich aufatmend setzte und meine Zunge an dem wenigen Wasser netzte, das an der Höhlenwand herablief, erstarrte ich abermals zu Stein. Keine zwanzig Schritte entfernt, am hinteren Rand der Höhle, lag eine riesenhafte Schlange auf ihren Eiern und ihre gespaltene

Zunge fuhr aufgeregt aus ihrem breitgeschlitzten Maul.
Ich hob mein Haupt und legte mein Schicksal in die
Hände des Erschaffers des Einen und Allen.
Die ganze Nacht stand ich und ließ die Schlange nicht
aus den Augen. Diese spürte wohl, dass sie nicht mehr
allein in ihrer Höhle lag. Doch ich stand wie eine steinerne Stele, und so war ich für die Riesenschlange nichts
anderes als ein Stein, der vielleicht ein wenig seltsam
roch. Es war die längste Nacht meines Lebens, das kann
ich wahrlich sagen.
Als ich von draußen den ersten hellen Schimmer des
neuen Tages wahrnahm, kroch ich langsam und vorsichtig rückwärts aus der Höhle, in das Tal der Diamanten
und Riesenschlangen. Nur wenige der scheußlichen
Bestien konnte ich entdecken. Aber ich sah auch, dass
die Felswände des Tales viel zu steil und glatt waren, als
dass ich an ihnen in die Höhe hätte klettern können.
Während ich noch nachsann und verzweifelt nach
einem möglichen Aufstieg suchte, wurde ich fast erschlagen von einem frisch geschlachteten und abgehäu-
teten Schaf, das kaum zwei Handspannen von mir entfernt, auf den Boden der Schlucht schlug. Noch eines
fiel herab und auch ein drittes.
Und so lange dauerte es auch, bis ich mich an eine Geschichte erinnerte, die ich von den Kaufleuten gehört
hatte, die mit Edelsteinen handeln.
Sie hatten mir erzählt, dass das Diamantengebirge voller
fürchterlicher Schrecken sei und die wertvollen Steine
nur gewonnen werden könnten, indem man frisch
geschlachtete Tiere in eine der Schluchten wirft.
Wenn dann Adler oder Geier das abgehäutete Vieh aus
der Schlucht holen und in ihren Horst tragen, bleiben
an dem Fleisch und verkrusteten Blut viele Edelsteine

hängen, welche sich die Kaufleute dann aus den Nestern der Vögel holen können.

Eilig sammelte ich so viele Diamanten, wie meine Taschen fassten, legte mich selbst in den blutigen Bauch des geschlachteten Schafes und schloss die Bauchdecke mit meinen Händen.

Niemals wieder sollte mir das Warten so lang erscheinen, wie in jener Zeit. Konnte es doch auch sein, dass eine der großen Schlangen das frisch geschlachtete Schaf als eine köstliche Speise für sich aussuchte. Der Vogel Ruch war für mich keine Gefahr mehr, denn solch eine Kleinigkeit, wie ein ausgewachsenes Schaf nahm er kaum wahr.

So war ich erleichtert, als ich spürte, dass ein großer Vogel, den Lauten nach wohl ein Geier, seine Krallen in das Fleisch schlug, in dem ich eingehüllt lag wie ein Kind im Bauch seiner Mutter. Er musste sich recht mühen, und im Stillen verfluchte ich mich, denn ich dachte, vielleicht hatte ich zu viele der kostbaren Edelsteine in meine Taschen gefüllt, und wegen meiner Gier wog ich nun zu schwer für eine Rettung aus dieser grausigen Schlucht.

Doch dann spürte ich, wie sich kräftige Klauen in das mich umhüllende Fleisch gruben, und ich wurde in einem schwankenden Flug emporgetragen aus der Tiefe, hin auf einen Hügel, wo mich in einem Horst die drei hungrig aufgesperrten Schnäbel junger Geier begrüßten.

Ich hielt mich weiter im Bauch des Schafes verborgen und wagte nicht, mich zu befreien, denn der Geier riss mit seinem Schnabel bereits große Stücke aus dem Fleisch und warf es seinen Jungen zum Fraße hin.

Mir schien die Zeit unendlich lang, bis ich endlich das Geschrei herannahender Männer vernahm. Mit geduckten Flügeln setzte sich der Geier auf das Schaf und drohte mit ruckartigen Bewegungen, bei denen ich geschüttelt wurde, dass mir die Galle hochstieg aus meinem Magen.

Als die Männer jedoch mit Steinen zu werfen begannen, krächzte der Geier unwillig auf und schüttelte sich und mich ein letztes Mal. Dann floh er aus dem Horst, und ich konnte mich endlich befreien.

Die Männer staunten nicht schlecht, als ich mich aus dem Horst erhob und ihnen entgegentrat. Sie dachten wohl, ein böser Geist würde sie heimsuchen, so erschrocken sahen sie mir entgegen.

Doch ich beruhigte sie und sprach sie freundlich an. Da fassten sie Vertrauen zu mir, und nachdem sie die Diamanten, die am Fleisch des Schafes hafteten abgelöst hatten, setzten wir uns, und ich erzählte ihnen meine wundersame Geschichte.

Ein ums andere Mal unterbrachen mich ihre Rufe der Verwunderung. Als ich mit meinem Bericht zu Ende gekommen war, schwiegen sie einige Zeit.

Dann wandte sich einer der Kaufleute, Aneas mit Namen, an mich und sprach, während er mir seine Hände auf die Schultern legte: „Ein langes Leben wird dir vergönnt sein, denn anders ist die Geschichte deiner Rettung aus der Diamantenschlucht nicht zu erklären. Noch niemals kam jemand unbeschadet zurück aus dieser Schlucht. Alle die hinuntergingen, und das waren nicht wenige, denn die Gier lässt die Menschen allerlei unsinnige Dinge tun, sind dort unten umgekommen. Du bist der erste und einzige, der von dort zurückgekommen ist. Sei willkommen in unserer Gemeinschaft und reise fortan mit uns, denn mir scheint, deine Anwesenheit wird uns viel Glück und Segen bringen."

Ich dankte dem Erschaffer des Einen und Allen und zog mit den Kaufleuten weiter, hin in bewohnte Gebiete, wo ich die Diamanten, von denen ich überreichlich in meinen Taschen hatte, eintauschte gegen andere Waren, aber auch gegen Gold und Münzen. Die Edelsteinhändler freuten sich an meiner Begleitung. Niemals zuvor hätten sie bessere Geschäfte gemacht, erfolgreicheren Handel getrieben, sagten sie mir. Sie priesen den Tag, an dem sie mich kennengelernt hatten, denn es schien, als würde ich ihnen Glück und Erfolg bescheren.

Aneas, der erfahrene Händler, lehrte mich, die verschiedenen Edelsteine auseinanderzuhalten und ihren Wert richtig einzuschätzen. Er erzählte mir aber auch von den Geheimnissen ihrer Zunft und verriet mir, wie ich die Heilkraft der verschiedensten Steine nutzen konnte, für welche körperlichen oder seelischen Gebrechen sie am besten zu verwenden seien und manch anderem Zauber, der sich mit ihrer Hilfe bewirken lässt. Auch vom Horn der Erkenntnis erfuhr ich, dessen Mundstück aus einem einzigen makellosen Diamanten gefertig ist und dessen Klang jenem, der es bläst und jenen, die es hören, Erkennen bringt. Dieses wundertätige Horn, so hörte ich von Aneas, war vor langer Zeit der wertvollste Besitz in der Schatzkammer des Kalifen von Bagdad gewesen. Doch wo es jetzt zu finden sei, wisse niemand.

Vieles, was mir fremd war bis dahin, durfte ich erfahren und lernen in jener Zeit, und später dankte ich dem Erschaffer des Einen und Allen oft für all das, was mir widerfahren war, denn dadurch konnte ich lernen, was mir sonst fremd und unbekannt geblieben wäre.

Lange Tage, Wochen und Monde zogen wir gemeinsam durch die Länder, von Stadt zu Stadt, von Basar zu Basar, von Karawanserail zu Karawanserail.

In manchen Städten oder Dörfern blieben wir länger, andere wiederum mieden wir, ich weiß nicht warum und wollte es auch überhaupt nicht wissen. Ich verließ mich auf das Urteil meiner Führer, und mein Reichtum mehrte sich von Basar zu Basar, ebenso wie der der Händler, die sich glücklich schätzten, dass ich mich in ihrer Gemeinschaft befand.

Eines Tages suchte ich den Führer der Karawane auf und sprach mit ihm: „Mahmuht, du hast mich durch ferne, fremde Länder geführt und mir ist es dabei wohl ergangen." Dankbar nahm ich einige Züge aus der Wasserpfeife, die er nebenbei mit kundigen Fingern vorbereitet und entzündet hatte, ohne mich dabei aus den Augen zu lassen.

„Ich habe das Umherziehen satt, und ich sehne mich zurück in die Stadt, in der ich geboren wurde. Bagdad, die Friedvolle. Der Ort des Geistes, der Weisheit und Sinnenfreude. Dorthin will ich reisen", fuhr ich fort und zog wieder einige Male an der Pfeife, deren schwerer, dichter Qualm langsam das Zelt füllte. Eine Hand reichte mir eine winzige Tasse, schwarzen, süßen Kaffees.

Schweigend saß Mahmuht.

Er rauchte und trank und hielt die Augen geschlossen.

Dann sagte er: „Unser Weg führt nicht in die Richtung, in die du willst. Aber im nächsten Ort gibt es einen großen Kamelmarkt. Dort kannst du mit deinem Reichtum leicht eine eigene Karawane ausrüsten. Ich werde dir gerne dabei behilflich sein. Wenn du wirklich willst, wirst du innerhalb der Zeit, in der der Mond sich wieder rundet, in deiner Heimat sein. So der Erschaffer des Einen und Allen nichts anderes mit dir im Sinne trägt."

Ich dankte dem Führer der Karawane und bekundete ihm meine Ehrfurcht vor seinem Wissen und seiner

Erfahrung. Er nickte und wir saßen zusammen, bis der Nordstern hinter einer Hügelgruppe versank, tranken schweren, schwarzen Kaffee, bereitet, gesüßt und gereicht von unbekannter Hand und rauchten schweigend eine Wasserpfeife um die andere, bis er mich irgendwann in den Arm nahm, mir stumm zunickte und sich seiner Schlafkammer zuwandte.

Früh am nächsten Morgen wurde ich vom Lärmen der Karawane geweckt, die sich zum Aufbruch bereit machte. Mahmuht saß auf seinem Kamel, beobachtete alles schweigend und nur manches Mal zischte er unmutig zwischen den Lippen einige Laute hervor. Der, den sie betrafen, eilte sich den Aufforderungen nachzukommen.

Wie er versprochen hatte, half mir Mahmuht mit seiner Erfahrung auf dem nächsten Kamelmarkt eine Karawane zusammenzustellen. Mich hätten die windigen Händler dort sicher übervorteilt, und mir ihre ältesten und schwächsten Tiere aufgeschwatzt. So jedoch war ich schon bald unterwegs mit meiner eigenen Karawane, Dienern, Köchen, bewaffneten Reitern, sowie zahlreichen anderen Bediensteten und kleineren Kaufleuten, die sich mir gerne anschlossen.

Ich ritt mit dem Führer an der Spitze der Karawane und wenn ich mich ab und an umwandte, leuchteten meine Augen voller Stolz. Das alles war mein Werk, was mir da nachfolgte, meinem Mut und meiner Abenteuerlust zu verdanken. Die Wüste schien mir auf dieser Reise wie ein friedvoller Ort der Stille und Ruhe. Ich lauschte den Erklärungen des Führers, der den Sand zu lesen verstand und dem leisen Raunen des Windes Botschaften entnahm, die sonst niemand hören konnte. Sicher leitete er uns von Brunnen zu Brunnen, von Oase zu Oase, von Karawanserail zu Karawanserail. Und ehe der Mond sich wieder gerundet hatte, sahen wir die Silhouette von Bagdad, der Stadt des Friedens, vor uns.

Chacril empfing mich wie einen verlorenen Sohn.

Ich genoss seine väterliche Umarmung und schämte mich meiner Freudentränen nicht. Er öffnete mir Türen und Fenster meines Hauses und erstattete Bericht über meine Geschäfte und Waren. Wir stellten Gärtner, Diener und Mägde ein. Kauften Sklaven und Sklavinnen, sowie einen wunderbaren dunkelhäutigen Koch, der jenseits des östlichen Meeres geboren worden war.

Mehr als den zehnten Teil all meiner Einkünfte gab ich als Spenden an Schulen und für Waisen, dem Haus der Weisheit und den Armenküchen.

So lebte ich wieder in Glück und Zufriedenheit.

Mein Haus war ein Hort der Freude und geistvoller wie lustvoller Zusammenkünfte. Ich erzählte oftmals von meinen wundersamen Erlebnissen und Leiden, die ich ertragen hatte und dachte nicht im Traum daran, nochmals hinauszufahren auf das Meer, denn meine Geschäfte gediehen gut in der Stadt des Friedens, mein Wohlstand mehrte sich ebenso wie mein Ansehen.

Meine Stimme bekam Gewicht beim Kalifen Harun al-Raschid und im Rat der Stadt, und meiner Rede wurde aufmerksam gelauscht, nicht nur meines Reichtums wegen, sondern wegen dem, was ich erfahren hatte und gelernt, durch all meine Fährnisse.

Bagdad, 190 Jahre nach Muhammeds Higra, 812 n.Chr.

In den nächsten Tagen hatte ich wenig Lust in Bagdad unterwegs zu sein. Am Portal unseres Anwesens drückten sich Männer herum, von denen ich annahm, dass sie Spitzel des Wesirs waren. Denn dass der Wesir des Kalifen, der Graue, hinter den Beschuldigungen gegen Sindbad steckte und für die Durchsuchung verantwortlich war, hatte mir Aneas mitgeteilt. Im Palastbezirk war es ein offenes Geheimnis, dass die Barmakkiden und der Graue, Sindbad gerne auf ihrer Seite gewusst hätten, wenn es denn zum Machtkampf hier in Bagdad kam.

Doch ob es soweit kommen würde, das würde sich im Osten des Reiches entscheiden. Dort, wo Bagdads Heer versuchte, die herannahende Streitmacht al-Ma'muns aufzuhalten und zu vernichten.

Vielleicht warteten die Spitzel an den Türen auf Sindbad, vielleicht auf irgendjemand anderen.

Zumindest mich ließen sie in Frieden.

Und Friede war etwas in Bagdad, was nicht mehr selbstverständlich war in diesen Tagen und Nächten. Inzwischen war bekannt geworden, dass das Heer des Kalifen im Osten des Reiches, bei der Stadt Rayy, geschlagen worden war und sich auf der Flucht befand. Es hieß, der General des Kalifen, Ibn-Benari, würde eine Verteidigungsstellung in der Gegend von Hamadan errichten und dort die feindlichen Streitkräfte erwarten.

Zwar war der Krieg noch weit entfernt, dennoch prügelten sich in den Außenbezirken und Vorstädten Bagdads immer wieder die Anhänger al-Amins, mit denen, die al-Ma'mun auf dem Thron des Kalifen in Bagdad sehen wollten. Argumente gab es genügend auf beiden Seiten, doch meist flogen Steine oder man ging mit Fäusten und Knüppeln aufeinander los. Die Stadtwachen hielten sich auffallend zurück in diesen Auseinandersetzungen. Ebenso die Söhne des Abassiden. Aber die Stimmung war zum Zerreißen gespannt in manchen Gegenden Bagdads.

Im Innern der Stadt und in den Vierteln der Nobeln, welche an den Tigris grenzten, war davon freilich wenig zu spüren. Aber es wurde gemunkelt, dass Händler und Kaufleute im Geheimen ihre wertvollsten Waren zusammenrichteten, und die Preise für eine gute Karawane in Richtung Süden, auf dem Landweg nach Basra oder nach Westen, hin nach Damaskus oder Jerusalem stiegen Woche um Woche. Von dem, was der Laderaum auf einem guten Schiff, den Tigris hinab nach Basra, kostete, gar nicht zu sprechen. Auch ich traf Vorsorge. Im Hafen Bagdads ließ ich zwei unserer kleineren Handelsschiffe an Land bringen und auf das Sorgfältigste überholen und richten.

Nachdem ich die gewünschten Auskünfte für Sindbad durch Boten von Aneas, Taranox und Johann erhalten hatte, schrieb ich gewissenhaft alles auf und teilte ihm auch von meinen Nachforschungen mit. Ich musste mich mühen, so klein als möglich zu schreiben, denn die Kupferröhrchen für die Brieftauben sind nicht sehr geräumig. Früh am Morgen ging ich in den Taubenschlag und griff mir aus einem Käfig eine kräftige Taube, welche aus der Zucht unseres Kontors in Alexandria stammte und befestigte sorgfältig die Nachricht für Sindbad an ihrem Fuß.

Aufgeregt gurrend stieg die graublaue Ringeltaube in die Höhe, flatterte einige Zeit in unschlüssigen, größer werdenden Kreisen über mir, als wolle sie sich orientieren und flog dann davon, Richtung Südwest, hin nach Alexandria.

Jeden Morgen berichtete mir Tawaddud vom Zustand Osiras. Doch sie lag noch wie in jener Nacht. Nur das blutrote Mal wuchs unmerklich und breitete sich unerbittlich aus.

Nachdem zwei Wochen verstrichen waren, ging ich mehrmals am Tag unruhig in den Taubenschlag, um nachzusehen, ob nicht endlich eine Nachricht von Sindbad aus Alexandria gekommen war.

Doch es dauerte nochmals sieben lange Tage, bis ich endlich Nachricht erhielt.

Und es war keine Taube, die sie mir brachte.

Es war die Nacht, in der das Ende des Ramadans gefeiert wurde in Bagdad.

Wie üblich bei religiösen Festen, waren alle Bewohner der Stadt, Muslims, Juden und Christen, Zorastriker, Feueranbeter und Buddhisten auf den Beinen, um gemeinsam zu feiern.

Ich hatte mich mit alten Freunden am Stand eines Fischers verabredet, der den Masguf zu rösten verstand, wie kein anderer. Nirgendwo schmeckt dieser Fisch, frisch aus den Wassern des Tigris, so wie hier und dann auch noch am Ende des Ramadans.

Von dem Kettenhund und seinen Soldaten hatte ich nichts mehr gehört, und die Spitzel vor unserer Eingangstür waren seit einigen Tagen offenbar abgezogen worden oder verhielten sich so klug, dass sie mir nicht mehr auffielen.

Der Weg am Tigris entlang war wie immer von Krämerbuden, kleinen Garküchen und Kohlefeuer gesäumt, die vorbereitet wurden, Lamm, Hammel und Fisch zu grillen. Der Himmel färbte sich flammend rot, wie ein blutiges Fanal.

Die Menschen drängten sich auf den Plätzen und Straßen und alles schien wie sonst auch: Musikanten spielten und sammelten Münzen für ihre Kunst, Tänzerinnen lockten mit seidig durchscheinenden Schleiern, Zauberkünstler und Kraftmenschen sammelten Trauben von Menschen um sich. Aber das Lachen war den Menschen auf ihren Gesichtern gefroren. Oder was meinte ich sonst zu spüren? Die Menschen klammerten sich an eine Fröhlichkeit, die so ernst war, als ob sie zum letzten Mal erlebt würde. Noch hielt die Streitmacht Bagdads, unter General Ibn-Benaris, bei Hamadan das vorrückende Heer al-Ma'muns auf. Doch niemand war sich sicher, wie lange er noch Widerstand leisten konnte.

Gerade bevor ich mein Ziel in dem Gewimmel von Menschen der verschiedensten Hautfarben und Glaubensrichtungen erreicht hatte, legte sich eine kräftige Hand auf meine Schulter. „Chacril!" rief eine freundliche Stimme. „Man hat mir gesagt, dass ich dich hier finden könnte!"

Ein groß gewachsener, hagerer Beduine umarmte mich.

„Abu-Selim! Du hier?" entfuhr es mir erstaunt. „Ich dachte, du würdest eine Karawane nach Kairo führen."

„Das habe ich auch getan", antwortete er lachend. „Und auf dem Rückweg traf ich in Alexandria mit Sindbad zusammen. Er bat mich, dich aufzusuchen und dir Nachricht von ihm zu bringen."

„Nicht so laut", dämpfte ich seine Freude über unser Wiedersehen und zog ihn ein wenig zur Seite, in eine kleine Gasse. „Man kann sich nicht mehr sicher sein in Bagdad, wessen Ohren auch noch mithören und wer danach sein Maul nicht halten kann!" Ich schaute mich um. „Doch nun sag, ist Sindbad wohlauf? Geht es ihm und Tizzhar gut?

Abu-Selim, der schon viele Karawanen für das Handelshaus von Sindbad sicher durch die Wüsten geführt hatte, verstand und senkte seine Stimme. „Sie sind beide gesund und guter Dinge. Und die Dshin ist ein Schiff, wie ich noch keines sah."

Zwei Männer schlenderten vorbei und musterten uns dabei misstrauisch.

„Erwähne den Namen Sindbad nicht mehr", flüsterte ich Abu-Selim zu, dann lud ich ihn ein, mit mir zu gehen und gegrillten Masguf zu essen.

Die Sonne war untergegangen, lautstark begannen die kleinen Garküchen ihre Speisen anzupreisen. Es roch nach Fisch und Fett, nach Süßem und Salzigem, nach Fremdem und Vertrautem; das Fest begann und vor dem Morgengrauen würde es nicht zu Ende sein.

Am vereinbarten Stand des Fischers trafen wir Bekannte und Freunde, und ließen es uns wohlgehen. Die Kräuterkruste welchen den Masguf umhüllte war köstlich geröstet, das Fleisch herrlich saftig. Zusammen mit geschmorten Zwiebeln, Lauch und Tomatenscheiben, wurden die gegrillten Fischstücke in ein heißes, mit Kümmel und Sesam gebackenes Fladenbrot gelegt. Dazu wurde ein prickelnd kühler, leichter Weißwein aus Jerusalem getrunken.

Abu-Selim erzählte von dem wundersamen Schiff, der Dshin, welches er gesehen hatte. Kein einziges Mal fiel der Name seines Besitzers. „Die Seeleute haben sich an der Kaimauer gedrängt, um die Dshin zu sehen", schwärmte Abu-Selim. „Und das, obwohl sie weit draußen im Westhafen Alexandrias festgemacht war, nahe der Hafenausfahrt, beim alten Tempel des Neptun."

Dann fragte er mich und die Umstehenden mit leuchtenden Augen: „Was glaubt ihr, wie lange dieses Schiff gebraucht hat, für die Fahrt von Antiochia nach Alexandria?"

Ich zuckte die Schultern und sah ihn erwartungsvoll an.

„Einen Tag und eine Nacht!" sagte Abu-Selim betont langsam.

Ungläubiges Gemurmel war von den Umstehenden zu hören, und auch ich sah Abu-Selim misstrauisch in die Augen. Doch in diesen war kein schelmisches Funkeln zu sehen. Sie blickten offen und ehrlich.

„Wenn ich es sage", versicherte er. „Der Kapitän des Schiffes hat es mir berichtet und mir gezeigt, durch was dieses Wunder bewirkt wird."

Gespannt warteten wir auf Abu-Selims Erläuterungen.

„In das Steuer der Dshin", erklärte Abu-Selim, sichtlich erfreut über die Aufmerksamkeit, die er mit seiner Geschichte erzielte, „ist ein goldener Stab eingesetzt. Dieser bewirkt, dass die Dshin in einer Nacht die Entfernung zurücklegt, die ein schneller Kriegssegler, bei günstigstem Wind, in sieben Tagen und Nächten nicht bewältigt."

Die Umstehenden zeigten mit lauten Rufen ihr Erstaunen, doch einzelne nickten auch. Wunder waren etwas Alltägliches in Bagdad. Weshalb sollte es einen solchen Zauber nicht geben? Ein Schiff, das einen auf wundersame Weise in Kürze dorthin brachte, wo man zu sein wünschte, das war ein Schiff, welches sich wohl jeder Seefahrer von Herzen wünschte. Ich selbst suchte in meiner Erinnerung, wie Sindbad zu einem solch wundertätigen goldenen Stab, den er in das Steuer seines Schiffes hatte einsetzen lassen, gekommen sein konnte. Doch ich fand keine Antwort auf diese Frage.

Abu-Selim redete unermüdlich weiter und erzählte von einer Karawane, die er von Sousse nach Saisuda geführt hätte. Ich verstand, was er mir damit sagen wollte. Ohne dass es jemand der anderen bemerkte, berichtete mir Abu-Selim, welchen Reiseweg Sindbad plante.

„Saisuda?" unterbrach da lautstark der Fischer hinter seinem Stand unser Gespräch, während er eifrig Weißwein nachschenkte. „Mein Großvater hat mir früher oft davon erzählt. Er war dort. Ein Land voll fremder Ungeheuer, Menschenfresser, Zauberer und schöner Frauen. Ist es nicht so?"

Wir lachten. Abu-Selim rief dem Fischer zu: „Wobei nicht klar ist, ob die schönen Frauen Menschenfresser, Ungeheuer oder Zauberinnen sind! Gib mir noch einen Fisch und fülle meinen Becher neu, bevor du hier Schauermärchen erzählst."

„Sindbad wäre tatsächlich einmal um ein Haar von einem Menschenfresser gegrillt und verspeist worden", sagte ich zu Abu-Selim und den anderen am Stand. „Wisst ihr, was ihn gerettet hat, damals?"

Der Fischer hinter seinem Grill war ein schlauer Kopf. Kaum hatte ich dies gesagt, brüllte er schon lauthals: „Bleibt stehen, Leute. Hier gibt es nicht nur den besten Masguf zwischen Diyarbakir und Basra zu essen, sondern umsonst und nur jetzt und heute, noch die Geschichte von Sindbad und dem Menschenfresser zu hören. Bleibt stehen, Leute! Esst! Trinkt! Und hört zu!"

„Nein, nein", versuchte ich mit erhobener Hand abzuwehren. Doch meine Abwehrversuche gingen in beifälligem Klatschen und ermunternden Aufforderungen unter.

Der Name Sindbads war allen bekannt in Bagdad. Schließlich gehörte er nicht nur zu den wohlhabendsten Männern der Stadt, sondern die Berichte seiner Reisen waren von Harun al-Raschid für so bedeutend gehalten worden, dass er eine Kopie davon in seiner Schatzkammer aufbewahren ließ.

Die Menschen blieben stehen, drängten sich dichter um den Stand, kauften Fisch, Fladenbrot und Wein und warteten erwartungsvoll.

„Nun gut", begann ich. „Zwar bin ich kein Geschichtenerzähler, der es gewohnt ist, in freier Rede seinen Vortrag zum Besten zu geben, doch ich hoffe, dass mich meine Erinnerung nicht im Stich lässt. Ich will euch die Geschichte so erzählen, wie sie mir einst Sindbad in die Feder diktierte:

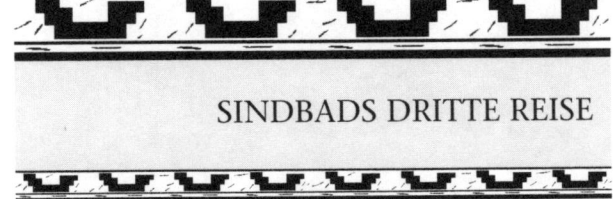

SINDBADS DRITTE REISE

Ich kann noch den Abend benennen, an welchem ich mich von meinen Freunden verabschiedet hatte, um noch ein wenig in meinem weitläufigen Garten spazieren zu gehen und meinen Gedanken nachzuhängen, von denen ich nicht wusste, woher sie kamen und wohin sie mich mitnehmen wollten.

Es waren nur wenige Schritte von meinem Haus hinab bis zu den Fluten des Tigris. Ich setzte mich an sein Ufer und sah den Mond aufsteigen, weit entfernt hinter der Wüste am östlichen Horizont.

Mir fielen die Geschichten ein, die an den langen Abenden und Nächten, wenn kein Wind die See kräuselte, erzählt worden waren. Sie berichteten von einem kühnen Seefahrer, der die östlichen Meere besegelt und Karten angefertigt von den Ländern und Inseln dort.

Und da überkam mich eine Sehnsucht, wie ich sie zuvor nur in meinen einsamsten Schicksalsstunden verspürt hatte, wenn mein Herz zerspringen wollte vor Heimweh nach meiner Heimatstadt. Doch heute Nacht war es umgekehrt. Es zog mich hinaus, über die Wüste hinweg, hin zum Meer. Und so schwor ich, ein Schiff auszurüsten und nach Osten zu fahren, um dort Handel zu treiben und Neues kennenzulernen. Meine Lieblingskonkubine war mir still gefolgt und hatte sich hinter mich gesetzt. Jetzt schlang sie ihre Arme um mich und sagte: „Ich weiß, du musst wieder auf Reise gehen. Doch du sollst wissen, dass ein Stück von mir, mit dir auf deine Reise geht."

Schon am nächsten Morgen ging ich in ein mir wohlbekanntes Karawanserail und fragte nach Karawanen, die nach Basra ziehen wollten. Kaum zwei Wochen später war ich unterwegs auf meiner dritten Reise. Meine Güter waren wohlverpackt und ich reiste in Wohlstand und allen Genüssen, welche einem eine wohlgefüllte Börse bieten konnte. Des Abends wurde mir ein geräumiges Zelt bereitet, und ich saß bei den Führern der Karawane und den wohlhabendsten Händlern.

In Basra nahm ich Quartier im Hafen und ging zu den Handelskompanien und Werften. Ich besah mir Schiffe sieben lange Tage. Dann glaubte ich die richtige Wahl getroffen zu haben. Bis sich der Mond wieder gerundet hatte war das Schiff ausgerüstet und eine erfahrene Mannschaft angeheuert. Viele andere Kaufleute gingen mit mir an Bord und vertrauten dem Schiff und dem Kapitän ihre Handelsware an. So stachen wir guter Dinge in See, nachdem ich alle Sklaven und Sklavinnen, die mich auf der Reise nach Basra begleitet und für mein Wohlgefühl gesorgt hatten, in die Freiheit entlassen und sie reichlich entlohnt hatte.

Wir segelten dahin von Hafen zu Hafen, von Insel zu Insel, von Meer zu Meer, immer darauf achtend, in östliche Richtung zu gelangen. Dabei waren uns die Karten und Aufzeichnungen des kühnen Seefahrers, die ich zuvor erworben hatte, von großer Hilfe, auch wenn in ihnen nicht alle Riffe und Inseln, nicht alle Untiefen und gefahrvollen Strömungen eingezeichnet waren

Unser Handel und unsere Reise standen unter einem glücklichen Stern. Wir kamen ohne Mühen voran, und wo wir auch anlegten, konnten wir gute Geschäfte mit reichem Gewinn tätigen.

Eines Tages jedoch überraschte uns auf hoher See ein schweres Wetter. Ein sicherer Hafen oder wenigstens eine windgeschützte Bucht, war in weitem Umkreis auf keiner Karte zu finden. Der Himmel verdunkelte sich und angeschwollene Wolken schleiften mit ihren regengefüllten Bäuchen dicht über den sich immer weiter auftürmenden Wellenkämmen. Der Wind riss die Gischt in weißen Zungen aus dem Meer empor und es blitzte und donnerte, hagelte und goss wie aus Kübeln. Wir wurden weit abgetrieben von unserem ursprünglichen Kurs, und der Kapitän stand Tag und Nacht neben dem Steuermann und schaute über das Meer, in den trüben, tiefen Himmel und in seine Karten. Aber was nutzten sie ihm, hatten wir doch schon seit sechs Tagen und Nächten weder Sonne noch Sterne sehen können, so dass der Kapitän unsere Position auf dem Meer nicht bestimmen konnte.

Niemand wusste, wohin der Sturm uns trieb. Am siebten Tag des Sturmes begann der Kapitän plötzlich laut zu wehklagen, er zerriss sein Hemd, raufte sich die Haare und deutete mit tiefem Entsetzen auf das karge, felsige Land, welches vor uns dem Meer entstieg wie ein grauschwarzes Tier einem bösen Traum.

„Nehmt die Segel von den Masten! Werft alle Anker!" schrie er mit sich überschlagender Stimme. Doch Strömung und Wind trieben uns weiterhin dem felsigen Land entgegen.

Wir Kaufleute bestürmten den Kapitän, uns zu sagen, vor was er sich fürchte und endlich stieß er hervor: „Dies ist das Land der Zottelaffen! Und wir werden unaufhaltsam an ihre Küste getrieben, denn gegen diese Strömung kommen wir nicht mehr an. Niemand kam jemals zurück von dort. Bereitet euch alle vor zu sterben. Es gibt keine Rettung mehr für uns!"

Kaum hatte er dies gesagt, wimmelte es rund um unser Schiff von kleinen, kaum vier Handspannen großen affenartigen Wesen, mit gelben Schlitzaugen und über und über mit schwarz verfilztem Haar bedeckt. Ich kann nicht sagen, wo sie plötzlich in dieser großen Zahl herkamen, ohne dass wir sie bis dahin bemerken konnten. Nur wenige Augenblicke später hatten sie das Schiff geentert. Zwei, drei von ihnen sprangen auf meine Schultern, bissen mich in den Hals und rissen mir büschelweise das Haar aus.

Wir hüteten uns, eines der Zottelwesen zu behindern oder gar zu schlagen, denn ihre Überzahl besiegte die Tapferkeit, die durchaus in uns bereit war. Obwohl die Wesen mir kaum über das Knie reichten, besaßen sie doch beträchtliche Kraft. Wie alle andern auch, wurde ich zur Bordwand gedrängt und dort solange gebissen, getreten und gestoßen, bis ich mich ins Meer stürzte, um der Pein zu entgehen.

Ich fiel in die tosenden Wellen wie ein Sack, der bei schwerer See über Bord geht. Ich kann zwar von mir sagen, dass ich ein guter Schwimmer bin, doch in diesen aufgewühlten Wellen hatte ich Mühe, nicht zu ertrinken. Immer wieder wurde ich von schweren Brechern überrollt, hinabgezogen in die Tiefe und keuchend wieder ausgespuckt, wie ein Brocken unverdaulicher Nahrung.

Mehr tot als lebendig wurde ich auf den felsigen Strand geworfen und kroch, aufgeschrammt am ganzen Leib und Wasser würgend, auf allen Vieren zwischen zwei Brechern weiter hinauf auf die scharfkantigen Felsen. So wie mir, war es den meisten der Kaufleute und Seeleute ergangen.

Die widerlichen Zottelwesen jedoch hatten mit vereinten Kräften die Segel wieder gehisst und brachten unser Schiff, ich weiß nicht wie, durch die widrige Strömung, auf und davon. Bald schon war es hinter der Kimm verschwunden und mit ihm all unsere Waren, all unser Gut, all unsere Hoffnungen.

Wir sammelten uns am felsigen Strand und versorgten, so gut es ging, unsere Wunden und Verletzungen. Einige sahen sich in der Nähe um. Bei ihrer Rückkehr berichteten sie zu unserer Beruhigung, dass es Früchte und Beeren, ja sogar wildes Gemüse und frisches Quellwasser gab. So war zumindest unser Überleben für die erste Zeit gesichert.

Wir machten uns auf, das Land zu erkunden, als die Verletzten wieder Kraft genug hatten, einige Zeit zu gehen. Aber in welche Richtung wir uns auch wandten, eine menschliche Behausung oder Seele fanden wir nicht. Erst nach vielen Tagen, oder waren es gar Wochen, ich war schon recht erschöpft von der doch eintönigen und kargen Ernährung, sahen wir in der Ferne Mauern aufragen, die von menschlicher Hand gefertigt worden sein mussten.

Den ganzen Tag wanderten wir darauf zu, und am frühen Abend waren wir vor einer finsteren, hoch aufragenden Burg angekommen. Das zweiflügelige Eingangsportal aus Ebenholz stand offen, und so schritten wir vorsichtig hinein auf einen geräumigen Hof, von dem ringsum hohe Türen abgingen, die jedoch allesamt verschlossen waren. Die Öffner daran waren jedoch so hoch angebracht, dass wir sie nicht einmal erreichen konnten, als sich drei der Kräftigsten von uns aufeinander stellten. Auf dem weiten Hof gab es eine breite, steinerne Bank, die ebenfalls viel zu groß für unsere Körpermaße war. Nebenan hingen Küchengeräte, dicht bei einer Feuerstelle, gewaltige Kohlebecken und Bratspieße. Aber wir sahen und hörten keine Menschenseele. Ratlos standen wir eine Zeitlang im Hofe und wussten nicht, wie wir uns weiter verhalten sollten. Die einen drängten, diesen unheimlichen Ort zu verlassen, je eher desto besser. Die anderen waren dafür, abzuwarten, um herauszufinden, wer der Erbauer dieser Burg sei. Vielleicht, so meinten sie, ist er uns ja freundlich gestimmt und kann uns helfen, von hier wegzukommen, hin in einen Hafen oder eine Stadt.

Die Sonne war untergegangen, da bebte die Erde plötzlich wie von schweren Schlägen. Von den Hügeln jenseits der Burg stieg ein furchterregendes Wesen hernieder. Es glich einem Menschen, aber es war größer als ein alter Feigenbaum und schwärzer als die Seele des Bösen selbst. Seine Augen glühten wie Feuerscheite. Zähne hatte er, größer als die Hauer eines alten Keilers, sein Maul war wie eine Brunnenöffnung, die Lippen fielen ihm in dicken Wülsten bis auf die Brust herab, seine Ohren waren wie schmutzige Decken und reichten ihm bis auf die Schultern. Die vor Schmutz starrenden Nägel an seinen Fingern glichen den Krallen eines großen Löwen.

Als wir das Ungeheuer auf uns zutrampeln sahen, schwand all unser Mut. Eine gewaltige Furcht und ein grausiger Schrecken kam über uns, wie ein eiskalter Schatten. Zitternd standen wir da, stumm vor Entsetzen und Grauen.

Der Riese trat in den Burghof, schloss das Tor und setzte sich laut ächzend auf die steinerne Bank, die unter seinem Gewicht knirschte. Wir flüchteten zitternd in eine abseits gelegene Ecke und wagten kaum zu atmen. Der schreckliche Riese betrachtete uns schweigend mit dem Blick eines Metzgers, der eine Herde Schlachtvieh mustert.

Schließlich entzündete er ein Feuer und legte einen Bratspieß zurecht. Dann trat er vor uns und griff mich aus dem verängstigt zusammengekauerten Haufen heraus.

Mir wollte das Herz stillstehen, als sich seine grobe Hand um meinen Leib ballte. Er hob mich hoch in die Luft, weit über den steinigen Boden und begutachtete mich. Er kniff mir in Schenkel und Bauch, betastete meinen Rücken und zwang mich, den Mund zu öffnen, dass er hineinschauen konnte. Schließlich jedoch, ich japste schon lange nach Luft in seinem festen Griff und mein Kopf war blaurot angelaufen, ließ er mich mit abfälligen Grunzlauten hinunter auf die Erde und pickte sich einen anderen meiner Gefährten, dem es jedoch gleich erging wie mir.

Als dritten nahm er sich den Kapitän, einen bulligen Mann mit breiten Schultern und einem dicken Bauch. Zufrieden betastete und beroch er ihn, dann zertrat er ihm mit dem Fuß das Genick, riss ihm die Bauchdecke auf, warf Eingeweide und alle anderen Innereien achtlos hinter sich über die Mauer und stieß ihm dann den Bratspieß durch den Leib, dass er am Kopfe wieder herauskam.

So hielt er ihn über das Feuer und briet ihn, wie man ein kleines Wild oder einen Vogel über dem Feuer brät. Auch würzte er seinen grausigen Braten mit Salz, Pfeffer und Kräutern. Als der Kapitän geröstet war, zog er ihn vom Spieß, zerbrach seine Knochen und fraß ihn mit rülpsenden Grunzlauten, die Wohlgefühl und Genuss verdeutlichen sollten, aber so grässlich waren, dass mir kalter Schweiß den Rücken hinablief. Der Riese nagte die Knochen ab, schlürfte das Mark daraus und warf sie über die Mauer. Dann streckte er sich auf der Bank aus und fiel kurz darauf in einen tiefen, schmatzenden und schnarchenden Schlaf. Ich konnte, wie all meine anderen Gefährten, kein Auge schließen in dieser Nacht und wagte kaum, mich zu bewegen.

Am nächsten Morgen stand der Riese auf, brummte uns noch einmal drohend an, dass wir zusammenfuhren wie trockenes Laub, das eine Windhose in eine Ecke geblasen hat und dort durcheinanderwirbelt. Dann stapfte er aus der Burg und ließ die Eingangsportale offenstehen.

Gepackt vom nackten Grausen standen wir beisammen.

„Wenn wir nur im Meer ertrunken wären!" jammerten einige.

„Hätten uns nur die Zottelaffen umgebracht! Alles wäre besser gewesen, als hier auf glühenden Kohlen geröstet und gefressen zu werden!" riefen andere.

Wir eilten uns, aus der Burg zu flüchten und suchten nach einem Versteck auf der Insel. Aber wir fanden keinen Unterschlupf in der Umgebung, und so gingen wir am Abend wieder zurück zu der Burg und verabredeten untereinander, dass das Schicksal entscheiden solle, und wir lieber vereint bleiben wollten, als uns zu trennen.

Es geschah, wie am Tage zuvor.

Das Ungeheuer stieg die Hügel herab zur Burg, suchte sich den größten und fettesten unter uns aus, brach ihm den Hals, steckte ihn auf den Bratspieß und röstete ihn bis er knusprig war.

Mir wurde speiübel, und ich musste mich übergeben. Mit bösem Blick betrachtete mich der Riese. Doch dann fraß er weiter und streckte sich schließlich wieder auf seiner Bank aus, schlief, bis der Morgen graute, brummte uns an und ging seiner Wege über die Hügel, dass die Erde dröhnte.

Wieder hatten ich, wie all die anderen, die ganze Nacht kein Auge geschlossen vor lauter Furcht und Ekel und Schrecken. Als der Riese gegangen war am Morgen, setzten wir uns zusammen und berieten, was wir tun könnten, um uns zu retten.

„Wir müssen ihn töten, während er schläft!" rief einer.

„Alles ist besser, als nichts zu tun!"

„Aber wie soll das geschehen?" warf ein anderer ein.

„Wir stoßen ihm die Bratspieße in die Augen, wenn er schläft!" schlug ein Dritter vor.

Und so besprachen wir uns weiter.

Ich regte an, während des Tages ein Floß zu bauen, mit einem notdürftigen Segel. Ich traute mir schon zu, dieses Gefährt aus den Wassern dieser Insel zu steuern. Allen erschien dieser Rat gut und so beschlossen wir zu tun, was wir beredet hatten.

Aus trockenen Hölzern banden wir uns ein Floß zusammen, auf dem wir einen Mast errichteten. Aus unseren Umhängen nähten wir ein Segel und befestigten es daran. Auch vergaßen wir nicht, Wasser und ein wenig Wegzehrung auf dem Floß zu verstauen. Dann banden wir es versteckt am Ufer fest und gingen zurück zur Burg.

Die Sonne ging unter, und der rabenschwarze Riese erschien. Er entzündete ein Feuer wie die Abende zuvor, wählte sich einen Unglücklichen aus unserer Schar, röstete und fraß ihn. Danach legte er sich auf seine Bank und schnarchte und röchelte wie ein sattes Tier.

Als wir sicher waren, dass das Ungeheuer fest schlief, schlichen wir heran, nahmen zwei große Bratspieße, die neben dem Feuer hingen und legten sie in die noch vorhandene Glut, bis sie rotglühend geworden waren. Jeweils zwei von uns nahmen dann die schweren Spieße und kletterten leise auf die steinerne Bank, wo der Riese schnarchte. Auf das verabredete Zeichen hin stießen wir die glühenden Bratspieße in die geschlossenen Augen des Riesen und sprangen sogleich von der Bank, um uns in Sicherheit zu bringen.

Das Schmerzgebrüll des Ungeheuers war so laut, dass alle anderen Geräusche der Nacht verstummten und die Grundfesten der Burg erzitterten. Wir hatten uns davongemacht und doch war es nicht einfach, den haschenden Händen des blinden Riesen auszuweichen, der uns greifen und töten wollte in seiner brüllenden und tobenden Wut.

Schließlich jedoch öffnete er das Tor und tappte mit unsicheren Schritten und lautem Geschrei davon. Erleichtert beglückwünschten wir uns zu unserem Tun und dachten, dass wir nun die Gefahr überwunden hätten. Doch wie sehr hatten wir uns getäuscht. Noch lagen wir uns in den Armen und freuten uns, da sahen wir den Riesen in der Ferne wieder erscheinen. An seiner Seite jedoch schritt eine Riesin, die sah noch schrecklicher aus, als das Ungeheuer, das wir besiegt geglaubt hatten.

In größter Eile liefen wir zu unserem Floß und stießen es ins Wasser. Zu unserem Glück wehte ein ablandiger Wind und füllte das notdürftige Segel, so dass wir langsam vom Lande wegtrieben. Doch die Riesin und der Riese nahmen jeder einen gewaltigen Felsbrocken und warfen damit nach uns. Zwar trafen sie nicht unser Gefährt, die Wellen aber, welche die Felsen schlugen, überspülten unser Floß und rissen alle Gefährten bis auf zwei und mich, die wir uns festklammern konnten, mit sich. Keinen von ihnen habe ich jemals wiedergesehen.

Wir drei aber trieben Tage und Nächte über das Meer. Unser Segel war unbrauchbar geworden, denn unter den Steinwürfen der Riesen war der Mast geborsten und wir hatten keinerlei Werkzeug, ihn aufzurichten. Bald schon war unser kleiner Wasservorrat, das Wenige an Beeren und Früchten, aufgebraucht, und wir lagen mit vor

Durst aufgesprungenen Lippen und knurrenden Mägen auf unserem feuchten Gefährt. Endlich, am Abend des siebten Tages, trieb unser Floß an eine kleine Insel, und wir setzten entkräftet unsere schwankenden Beine auf festes Land.

Wie herrlich schmeckte der erste Schluck, als wir eine kleine Quelle fanden. Erschöpft wie wir waren, ließen wir uns im Schatten einiger Palmen nieder und schliefen auf der Stelle ein.

Doch unser Schlaf war nur von kurzer Dauer, denn mitten in der Nacht erwachten wir durch ein böses Zischeln, das sich uns aus der Dunkelheit näherte. Und dann sahen wir eine Riesenschlange, deren Leib dicker war, als der Stamm einer alten Dattelpalme. Sie hatte sich im Kreis um uns gekringelt und richtete langsam ihr riesiges Haupt auf. Wie ein Pfeil schoss sie auf einen von uns los und verschlang ihn bis zu den Schultern. Ich hörte Knochen brechen, und der Todesschrei des Unglücklichen verstummte, als die Schlange ihn gänzlich hinabschlang. Dann kroch sie langsam davon und wir zwei blieben in Todesangst und Grauen zurück.

Mich quälte die Frage, warum das Schicksal mich den Schlangen in der Diamantenschlucht entkommen hatte lassen, nur um mich hier und heute wiederum aus den kalten Augen solch eines furchterregenden Unwesens anstarren zu lassen.

Die ganze Nacht lagen wir beide wach und lauschten voller Angst in die Dunkelheit. Doch die Schlange kehrte nicht zurück.

Am Morgen suchten wir die Insel ab, aßen von den Früchten und Beeren, fanden aber kein Versteck, wo wir uns vor der Riesenschlange hätten verbergen können.

Als es Abend wurde, stiegen wir auf einen hohen Baum.

Ich saß auf der höchsten Astgabel und mein Gefährte gleich unter mir. Als es völlig Nacht geworden war, der Mond stand nicht am Himmel, hörte ich, wie sich die Riesenschlange näherte. Sie züngelte hierhin und dorthin, wand den Kopf auf diese, dann auf jene Seite und als sie direkt unter unserem Baum war, schaute sie empor und erblickte uns. Schneller als ich mir das je hätte vorstellen können, schlängelte sie sich den Baum empor, packte meinen Gefährten, brach ihm die Knochen im Leib und verschlang ihn vor meinen Augen. Dann ließ sie sich gemächlich den Baum hinab und verschwand.

Ich kann mein Entsetzen nicht beschreiben.

Unfähig mich zu regen, verbrachte ich die Nacht auf dem Baum und erst am Morgen kletterte ich hinab. Immer noch zitterten mir alle Glieder vor Grauen. Ich war versucht, mich ins Meer zu stürzen, um dem grausigen Tod hier auf der Insel zu entgehen, allein mir fehlte der Mut.

Doch am Strand fand ich einige angespülte dicke Bretter, und in meiner Not band ich mir daraus, indem ich meine Kleider zerriss, einen sperrigen Kasten, einem einfachen Sarg nicht unähnlich, in den ich mich hineinlegte als der Abend kam.

Ich brauchte nicht lange zu warten, bis ich das Näherkommen der Riesenschlange hören konnte. Mir klapperten die Zähne, meine Knie begannen zu zittern und kalter Schweiß brannte in meinen Augen, die ich nicht schließen konnte, obwohl ich nichts sah.

Die Schlange wand sich um die zusammengebundenen Bretter und versuchte, sie mit der Kraft ihres Körpers zu zerbrechen. Aber ich hatte starkes Holz gefunden für meinen Verschlag, und so konnte sie nichts anrichten.

Ich hörte, wie sie ein Stück davonkroch. Dann war es einige Zeit vollkommen still. Doch mit einem Mal schlug die Riesenschlange ihren gewaltigen Schädel mit Gedröhne gegen die Bretter, dass ich vor Schreck das Atmen vergaß. Wieder und wieder ging dies so, bis die Nacht endlich dem Morgen wich. Da endlich, als ob sie das Licht des Tages scheuen würde, hörte ich die riesige Schlange fortkriechen von mir.

Aufatmend befreite ich mich aus meinem Verschlag, sammelte Beeren und Früchte, aß mich satt, trank an der Quelle und überlegte, ob mein selbstgefertigter Sarg wohl seetüchtig genug war, um mich damit dem Meer anzuvertrauen, denn eine Nacht wie die vergangene, wollte ich nicht mehr erleben müssen. Während ich noch hin und her überlegte, Wind, Wetter und Wellen prüfte, daran herumgrübelte, wie ich ein Gefäß für genügend Trinkwasser finden könnte, glaubte ich zunächst zu träumen. Am fernen Horizont meinte ich, ganz dünn, die Masten eines Seglers auftauchen zu sehen.

Schnell brach ich mir einen großen Ast und stellte mich dann mitten auf den weißen Strand. Dem Erschaffer des Einen und Allen sei Dank, dass auf diesem Schiff der Posten des Ausgucks mit einem aufmerksamen Seemann besetzt worden war. Er musste mein verzweifeltes Winken bemerkt haben. Zwar habe ich mir auch die Seele aus dem Leibe gebrüllt, doch ich glaube kaum, dass dies auf dem Schiff jemand hören konnte.

Vor Freude und unfassbarem Glück, begann ich zu weinen und am Strand umherzutollen wie ein übermütiges Kind, als das Schiff langsam seinen Kurs änderte und auf mich zusteuerte. Vor dem Strand drehte es bei und warf die Anker. Neugierig schauten Seeleute und Passagiere zu mir herüber. Endlich wurde ein Ruderboot zu Wasser gelassen. Vier bärtige Seeleute kamen, um mich von der Insel zu holen.

Jeden von ihnen umarmte ich wie einen wiedergefundenen Sohn.

Auf dem Schiff wurden mir Kleider gegeben, damit ich meine Blöße bedecken konnte, und alle hörten erstaunt meine wundersame Geschichte. Ich bekam köstliche Speisen und frisches, kühles Wasser, bekam Wein und alles, was mein Herz begehrte. Die Anker wurden gelichtet, die Segel hochgezogen. Mein Herz füllte sich mit Freude, und das angstvolle Zittern meiner Gliedmaßen verschwand.

Als der Kapitän sich zu mir setzte, wunderte ich mich, denn sein Gesicht und seine Gestalt waren mir vertraut. Doch vielleicht hatten die erlebten Schrecken meinem Gedächtnis geschadet, denn ich konnte mich nicht erinnern, wann ich ihn schon einmal gesehen hätte.

Der Kapitän sagte zu mir: „Wir haben hier auf unserem Schiff die Waren eines Kaufmanns, den wir auf einer früheren Reise verloren haben. Wir wissen nicht, ob er noch lebt. Du bist auch ein Kaufmann, und deshalb sollst du diese Waren im nächsten Hafen verkaufen. Einen Teil des Erlöses sollst du behalten, als Lohn für deine Mühen, den Rest wollen wir aufbewahren und mit uns nach Hause nehmen, um nach den Erben des Kaufmanns zu suchen."

Ich bedankte mich herzlich für die Freundlichkeit bei den Kaufleuten und dem Kapitän und erkundigte mich dann nach den Warenlisten. Als sie mir der Kapitän reichte, war mein Erstaunen groß, denn ich erkannte meine Handschrift und den Abdruck meines Siegels auf den Listen.

„Aber, diese Waren sind ja mein Eigentum!" rief ich freudig. „Ich bin Sindbad, der Seefahrer, der einst der Unerfahrene genannt wurde!"

Und da ich nun den Kapitän wieder erkannte, erinnerte ich mich und erzählte ihm, wie sich damals alles zugetragen hatte, dass ich eingeschlafen sei auf der Insel, und als ich in der Nacht erwachte, das Schiff verschwunden war und wie mich später der Vogel Ruch zur Schlucht mit den Edelsteinen getragen hatte.

Da rief einer der Kaufleute, die bei uns saßen, dazwischen: „Er hat Recht. Jetzt erkenne ich ihn wieder. Es ist tatsächlich Sindbad. Erinnert ihr euch an die Geschichte, die ich euch von der Diamantenschlucht erzählt habe. Ihr habt mir nicht geglaubt. Doch dies ist der Mann, der damals in dem Schaf gelegen war, das ich hinuntergeworfen und später aus dem Horst eines Geiers nahm, um die Edelsteine zu holen, die daran kleben geblieben waren."

Er trat auf mich zu und umarmte mich wie ein alter Freund.

Die Kaufleute begannen in Jubelrufe auszubrechen, und der Kapitän pries den Erschaffer des Einen und Allen, der alle Wege bereitet und ihm mit meiner Rettung eine schwere Last vom Herzen genommen hat.

„Einmal habe ich dich verloren, als du auf meinem Schiff gereist bist", erklärte er ernst. „Dies war eine Bürde, die mich schwer gedrückt hat bis zum heutigen Tag. Aber heute nun war es mir vergönnt, dich vor dem sicheren Tode zu erretten. Ich bin froh, dass ich meine Schuld tilgen konnte."

In den folgenden Wochen meinten die Winde es gut mit uns, wir legten hier an und dort, und überall konnte ich gewinnträchtigen Handel treiben.

Nach vielen Monden kehrte ich wieder heim in meine Heimat, die Stadt des Friedens. Ich ging zu meinem Anwesen, umarmte Chacril und begrüßte die Meinen. Alles war wohlbestellt worden während meiner Abwesenheit, und mein Reichtum war größer als jemals zuvor.

Vieles hatte sich verändert in der Zeit meiner langen Abwesenheit. Al-Mahdi, der Kalif war gestorben und sein Erbe hatte nun Harun al-Raschid angetreten. Noch jung an Jahren, lobte doch jedermann schon seine Weisheit und Gelehrsamkeit.

Mit Freuden spendete ich reichlich für das Haus der Weisheit, denn dort sollte eine astrologische Beobachtungsstation erbaut werden, mit den größten und besten Fernrohren, welche sich herstellen ließen und allen wichtigen Planeten und Sternenkarten.

Auch den Schulen ließ ich Geld zukommen, wie auch Witwen und Waisen.

Ich aß gut, trank gut, erfreute mich mit meinen Freunden und Gefährten bei Musik und Tanz und vergaß bald, welche Schrecken ich erlebt hatte, denn ich hatte ja auch unschätzbare Erfahrungen und zahllose Reichtümer gewonnen auf meiner dritten Reise.

Bagdad, 190 Jahre nach Muhammeds Higra, 812 n.Chr.

Getreuer Chacril!

Wenn du es bist, der diesen Brief öffnet, bin ich froh. Jedem anderen wünsche ich die Krätze an den After und seinen Frauen und Kindern auch!
Abu-Selim hat dich sicher gefunden, und du weißt inzwischen um das, was mein neues Schiff, die Dshin, so einzigartig macht. Dank der Auskünfte von Taranox fand ich schnell zu Fra-Matara und konnte tun, was ich mir vorgenommen hatte. In nur drei Tagen und Nächten haben wir die Fahrt nach Sousse hinter uns gebracht. Brieftauben sind langsamer auf ihrem Weg. Von den erfolglosen Verfolgungsversuchen einiger Piratenschiffe am Tage, wenn das Wunder der Dshin nicht wirkt, berichte ich, wenn ich wieder in Bagdad bin. Doch nun höre, was geschehen ist: Glücklich kamen Tizzhar und ich nach Saisuda und fanden auch Ubdrael am Rande der Steppe, dort, wo er schon immer sein Zuhause hatte. Der Alte hatte mich schon erwartet. Aus schmalen Augen blinzelte er mich an und begrüßte mich mit den Worten: „Ich wusste, du würdest kommen. Gib mir den Ring und du erhältst die Antwort, die du suchst!"
Ich überreichte ihm den Ring mit dem Siegel der Sippe, dem Zeichen der Herrschaft über Volk und Land. Und der Alte zog ihn sich zufrieden lachend über den Finger. Daraufhin verriet mir Ubdrael, was Osiras Bann löst. Sobald das Horn der Erkenntnis neben ihrem Bett ertönt, so sagte er, ist der Fluch gebrochen und Osira geheilt. Das Horn, gab er mir weiter

110

Auskunft, würde ich in der Schatzkammer des Kalifen von Bagdad finden. Damit verabschiedete er mich und bedeutete mir, dass er mich nie mehr zu sehen wünsche in seinem Leben. Ich ging, denn ich wusste, dass ich von ihm nicht mehr erfahren konnte. Doch zuvor erzählte ich ihm, dass der Ring, den er sich eben über den Finger geschoben hat, von Fra-Matara besprochen wurde, und dass er, Ubdrael, nun jede Macht verloren habe, jemals wieder jemanden mit einem Fluch zu belegen. Ich möchte die Worte nicht wiederholen, mit denen er mit beschimpfte.

Noch vor der Rückreise nach Sousse schreibe ich diesen Brief in düsterer Verzweiflung. Ich weiß, dass das Horn der Erkenntnis nicht mehr in der Schatzkammer des Kalifen von Bagdad zu finden ist, Aneas hat es mir einst erzählt, damals nach dem Abenteuer in der Diamantenschlucht.

Doch wer hat es nun in seinem Besitz? Wo kann ich es finden, um Osira zu heilen?

Ich muss mich eilen. Jeder Tag ist wichtig und jede Nacht.

Ich habe die Dshin, ihr die Tauben. Das Mal Osiras wächst weiter. Unerbittlich.

Gebt mir schnell Nachricht. Ich warte in Sousse!

Sindbad, der Ratlose

Wir lagen auf unseren Kissen, gesättigt von geräuchertem Masguffilet auf Honigmelonen, von überbackenen Ziegenkäsebällchen und heißem Fladenbrot, von Anistörtchen und süßen Früchten, tranken Mokka, und die Kohle auf den Wasserpfeifen glühten.

Ich erzählte von der Hausdurchsuchung und den Spitzeln, die ich danach vor den Türen ausfindig gemacht hatte.

„Ich habe von der Aktion gehört", sagte Kufhar, „aber von anderer Seite." Er zog bedächtig an seinem Mundstück und nahm einen kleinen Schluck Mokka. „Wie ihr vielleicht wisst, ist eine meiner Töchter, ich glaube inzwischen sind es dreiundzwanzig, mit General Mochmar al-Abassidi verheiratet und hat ihm schon zwei gesunde Söhne geschenkt ..."

„Komm zur Sache, Kufhar", stöhnte Tawaddud. „Deine Familienverhältnisse sind mir schon immer ein unentwirrbares Wollknäuel gewesen. Soweit mir bekannt, bist du mit halb Bagdad verwandt und zusätzlich noch mit allen wichtigen Familien zwischen hier und Kairo!"

„Na ja", murmelte Kufhar sichtlich zufrieden, „man tut, was man kann als Mann und Sippenvorstand."

Tawaddud verdrehte in gespieltem Entsetzen die Augen.

Kufhar führte in knappen Worten aus, dass Mochmar al-Abassidi, der Anführer der Söhne des Abassiden, ihn besucht habe und ihm von der Hausdurchsuchung und der Anklage gegen Sindbad erzählte. Mochmar war der Ansicht, die Aktion sei von al-Fadl ben ar-Rabi, dem Grauen, angeordnet worden.

„Das hat mir schon Aneas bestätigt", sagte ich. „Doch weshalb sind seit einigen Tagen die Spitzel verschwunden? Haben sich die Verdächtigungen geklärt?"

„Nein", antwortete Kufhar, „aber Mochmar ließ den Wesir wissen, dass er und die Söhne des Abassiden es nicht schätzen, wenn der Name eines so angesehenen Mannes wie Sindbad, ohne jegliche Beweise in den Schmutz gezogen wird. Ich denke, dass der Graue deshalb seine Spitzel zurückgezogen hat."

„Angesichts des herannahenden Heeres von al-Ma'mun will er sich Spannungen in Bagdad vom Hals halten. Das ist verständlich." Taranox nickte bekräftigend.

„Noch ist nicht geklärt, ob die Streitkräfte Bagdads bei Hamadan geschlagen worden sind", warf Aneas ein.

„Sicher ist, dass es der Kopf von General Ibn-Benari war, der eines Morgens auf einer Lanzenspitze vor dem Palast des Kalifen gefunden wurde", stellte Abdallah lapidar fest. „Wer weiß schon, ob Bagdads Mauern noch stehen, wenn Sindbad wieder zurückkehrt?"

„Das wird wohl noch dauern." Aneas richtete sich auf und sah in die Runde. „Im Haus der Weisheit habe ich Wissenswertes entdeckt, als ich Antworten auf Sindbads Fragen suchte."

„Spann uns nicht unnötig auf die Folter", ermunterte ihn Johann ungeduldig.

„Der Bibliothekar, Rabi ben-Maimonaris, kennt mich gut und so erhielt ich Einsicht in die geheimen Inventarlisten der Schatzkammer der Kalifen. Noch zu Beginn der Regierungszeit von Haruns Vater, wird das Horn der Erkenntnis als Kostbarkeit dort aufgeführt. Doch als Harun al-Raschid das Kalifat antrat, fehlte dieses Horn in der Liste der Schätze."

„Wurde es gestohlen?" wollte Tawaddud wissen.

„Nein!" Aneas schüttelte den Kopf und hob einen Finger, als sei er ein Lehrer. „Ich habe nachgesehen, wie die Gesandtschaften ausgestattet waren, welche von Bagdad aus in alle Welt gereist sind, als Haruns Vater Kalif in Bagdad war. Eine davon ging zu Karl, dem König der Franken, denn die beiden hatten einen gemeinsamen Feind: Byzanz. Außerordentlich reich mit Geschenken sind diese Gesandten ausgestattet gewesen. Es gibt einen ausführlichen Bericht dieser Reise, dem auch eine sorgfältig gefertigte Karte beigelegt ist."

„Ich wette, in der Auflistung der Gastgeschenke wird auch ein kostbares Horn beschrieben", sagte Taranox.

„In der Tat, genauso ist es", nickte Aneas zufrieden.

„Wie?" entsetzte sich Abdallah. „Du bist der Ansicht, Kalif al-Mahdi hätte das Horn der Erkenntnis als Gastgeschenk ins Frankenland geschickt? Das kann ich nicht glauben. Solche Schätze gibt man doch nicht weg!"

„Vielleicht wusste er nichts vom wahren Wert dieser Kostbarkeit", gab ich zu bedenken. „Auch Sindbad erfuhr erst auf seiner zweiten Reise von seiner wirklichen Bedeutung, erinnert euch."

„Olifant!" rief da Johann plötzlich laut. „Es kann sich nur um das sagenumwobene Horn Olifant handeln. Roland von Bretagne, der den Beinamen der Riese trug, bekam es von seinem Oheim König Karl geschenkt. Ich erinnere mich genau, denn ich stand nur wenige Schritte entfernt, als dies geschah."

Wir brachen in erstaunte Rufe aus.

„Wie kam das?" wollte ich wissen.

„Ihr erinnert euch doch sicher, dass ich mit einer Gesandtschaft König Karls nach Bagdad kam, damals. Lang ist das her. Karl ist jetzt Kaiser und lässt sich der Große nennen. Er überreichte Roland das Horn als Auszeichnung nach einer gewonnenen Schlacht."

Johann schwieg und schien über etwas nachzugrübeln.

„Ich weiß nicht mehr, welche es war", sagte er dann, fuhr sich über die Augenbrauen und zwirbelte den Backenbart, als wolle er dadurch seine Gedanken zur Ordnung zwingen.

„Roland von Bretagne", fuhr er schließlich fort, „Neffe und Patenkind des heutigen Kaisers Karl, kannte ich von Angesicht zu Angesicht. Er war ein Hüne von Gestalt, ein wirklicher Riese. Viele erfolgreiche Schlachten schlug er für seinen König und schon zu Lebzeiten wurden Lieder über seine Heldentaten gesungen.

Karl und sein Heer befand sich, mehr als dreißig Jahre ist es inzwischen wohl her, auf einem Kriegszug nach Saragossa. Doch vor der Heeresmacht der muslimischen Spanier musste er zurückweichen. In heilloser Flucht versuchte er sein Heer über einen Gebirgszug in sicheres Gebiet zu bringen. Erschöpft, wie er und sein Heer waren, wären sie von den sarazenischen Reitern aber auf ihrer Flucht eingeholt worden. Doch an einem schmalen Pass im Tal von Roncevalles, blieb Roland von Bretagne mit einigen Getreuen zurück, um die Verfolger aufzuhalten. So blieb dem Frankenkönig genügend Zeit, mit seinem Heer die Pyrenäen zu überqueren und sich in Sicherheit zu bringen."

Johann blies gedankenverloren in einen frisch zubereiteten Mokka, der ihm gereicht worden war.

„Und was geschah mit Roland und den seinen?" wollte Kufhar neugierig wissen.

„Fast eine Woche hat er die Sarazenen an dem Pass aufgehalten", erzählte Johann weiter. „Erst als alle seine Gefährten schon lange tot auf der Erde lagen, und er selbst aus zahllosen Wunden blutete und wusste, dass er den nächsten Morgen nicht mehr erleben würde, blies er das magische Horn, welches sich in seinem Besitz befand. Damit gab er seinem König eine letzte Botschaft. Von den wenigen Sarazenen, die das Blutbad überlebten, wird erzählt, die Felsen des Gebirges seien geborsten und hätten die Reste des Sarazenenheeres unter sich begraben, als Roland sterbend das Horn blies. Niemals zuvor und niemals mehr danach, hätten sie solch unbeschreibliche Töne gehört. Voller Verwirrung seien sie geflüchtet, so schnell sie konnten."

„Und was ist mit dem Horn der Erkenntnis geschehen?" wollte Tawaddud wissen.

„Es befindet sich wohl immer noch im Besitz von Kaiser Karl", gab ihr Johann Auskunft. „Er wird es nicht mit den Gebeinen Rolands beerdigt haben."

„Dann muss Sindbad also zu Kaiser Karl reisen, um das Horn der Erkenntnis zu erlangen", murmelte ich bedrückt. „Ins Land der Franken."

„Wie heißt die Stadt, in welcher Karl regiert?" fragte Taranox.

„Ich hörte vor einigen Jahren, dass er in einem unbedeutenden Ort namens Aachen seinen Kaisersitz gegründet hat." Johann zuckte mit den Schultern. „Aber Karl ist oft unterwegs in seinem Reich. Seinen Schatz führt er auf diesen Reisen immer bei sich. Wahrscheinlich traut Karl niemand anderem eine sichere Verwahrung seiner Reichtümer zu."

„Welchen Rat geben wir nun Sindbad?" wollte ich wissen. „Das Horn der Erkenntnis findet sich wahrscheinlich im Schatz des Frankenkaisers Karl. Doch wo der sich zur Zeit aufhält, können wir ihm zumindest jetzt noch nicht mitteilen."

„In der kalten Jahreszeit zog Karl es früher vor, sich im Süden seines Reiches aufzuhalten", bemerkte Johann. „Aber ob das heute auch noch so ist, vermag ich nicht zu sagen."

Taranox wiegte bedächtig den Kopf. „Mir scheint, das Beste wäre, wenn Sindbad von Sousse aus nach Syrakus reisen würde. Ich kenne einen Kaufmann, der dort über ein größeres Handelshaus verfügt. Ich werde ihm eine seiner Brieftauben abkaufen. Wir teilen Sindbad mit, dass er in Syrakus, im Hause des Kaufmanns, auf weitere Nachrichten von uns warten soll. Inzwischen müssen wir uns umhorchen und versuchen herauszufinden, wo sich Kaiser Karl aufhält."

Allen schien dies die beste Lösung zu sein, und ich versicherte, dass der Brief an Sindbad unterwegs sein würde, sobald ich die Taube hätte.

Früh am Morgen ging ich mit Omsar, dem Koch, und zwei Bediensteten zum Markt. Zum einen genoss ich das bunte Treiben und wollte es mir nicht nehmen lassen, solange mir das meine alten Knochen noch ermöglichten, zum anderen wählte ich gerne selbst aus, was in der Küche zubereitet wurde. Eine Angewohnheit aus vergangenen Tagen, die sich bewährt hat.

Das Angebot war eher dürftig. Sämtliche Handelsgüter aus dem Osten des Reiches fehlten. So fanden sich weder Gewürznelken noch Safran, weder Reis noch all die Gewürze aus dem Lande Sind, wie grüner und roter Pfeffer, Kardamon, Zimt und die verschiedenen Currymischungen. Und wenn dann doch einmal, in einer dunklen Ecke des Bazars, einige Ballen Seide oder eine Handvoll funkelnder Rubine auftauchten, waren die Preise dafür ins Unermessliche gestiegen.

Ich traf einige Bekannte, wurde unter der Hand auf die Hausdurchsuchung angesprochen und zog mich, nachdem ich die nötigen Anweisungen gegeben hatte, allein in ein Kaffeehaus zurück. Es dauerte nicht die Zeit, eine Wasserpfeife zu rauchen, bis sich ein jüngerer Mann zu mir an den kleinen Tisch setzte. Ich war nicht verwundert, denn ich hatte ihn erwartet. Jedes Handelshaus, und das von Sindbad war nicht eines der kleinen, verfügte über ein dichtes Netz an Informanten und Zuträgern von kleinen und großen Geheimnissen, Tuscheleien, Gerüchten.

Die neuesten Nachrichten besagten, dass das Heer des Kalifen al-Amin, gegen den vorrückenden General Tahir, die Verteidigungsstellung bei Hamadan verloren hatte und sich in heilloser Flucht befände. Allgemein werde damit gerechnet, dass Tahir mit seinem Heer in einigen Wochen schon vor den Toren Bagdads stehen könnte, wurde mir gesagt.

Ich würde mich wohl dem Beispiel mancher Nachbarn anschließen und einige Kostbarkeiten zur Sicherheit in unsere Handelshäuser nach Antiochia und Basra bringen lassen müssen.

Sicher ist sicher.

Kalif al-Amin interessiere sich vor allem für ausschweifende Feste und ausgefallene Vergnügungen. Auf die mahnenden Stimmen seiner Ratgeber hört er schon lange nicht mehr. Bagdads Mauern sind die sichersten der Welt, pflegt er zu sagen und will nichts wissen von der herannahenden Bedrohung.

Der Graue, Wesir al-Fadl ben ar-Rabi, spann inzwischen an den Fäden seiner Macht. Er versuchte, gemeinsam mit dem Clan der Barmakkiden, die Söhne des Abassiden mit Versprechungen auf Reichtum und Ruhm auf seine Seite zu ziehen. Er verwies darauf, dass Harun al-Raschid selbst, seinen Sohn al-Amin als seinen rechtmäßigen Nachfolger benannt hatte.

Doch die Söhne des Abassiden verwiesen darauf, dass Kalif al-Amin das Testament seines Vaters geändert habe, und dies sei sicher nicht im Sinne Harun al-Raschids gewesen.

Nach dem Besuch im Kaffeehaus wählte ich den langsam abfallenden Weg hinunter zum Ufer des Tigris, der sich in großen Bögen durch Bagdad windet, wie eine riesenhafte Schlange. Dabei kam ich an den Werkstätten der Kupfer- und Goldschmiede vorbei, schritt durch die Straßen der Metzger, Bäcker und Schneider. Am Flussufer richteten Fischer ihre an Pfählen aufgespannten Netze. Hier war vom beständig näherkommenden Krieg noch nichts zu spüren.

Auf der gegenüberliegenden Seite des Flusses, sah ich die Viertel der Ledermacher, Tuchbleicher, Färber und Papiermacher. Aber auch viele Bewaffnete, die meist in größeren Gruppen durch die Straßen und Gassen zogen oder an den Brücken über den Tigris standen.

Ich betrat Sindbads weitläufiges Anwesen durch eine kleine Pforte in der hohen Mauer, die bis hinunter an das Ufer des Tigris reichte. Auf dem Weg zum Haupthaus, mit dem großen Innenhof und den Brunnen, kam ich an den Häusern der Bediensteten, der Sklaven und den Frauenhäusern vorbei. Es war hoher Mittag. Unter der drückenden Hitze hatten sich alle, die jetzt keiner Tätigkeit nachgehen mussten, in kühlende Schatten zurückgezogen.

Gedankenverloren griff ich mir aus einer Obstschale eine Orange und begann sie zu schälen.

Ich schickte nach einem Schreiber und diktierte in der Stille des Nachmittags einige geschäftliche Briefe. Danach ließ ich den Mareschal kommen. Wie jede Woche gab er mir Bericht über die Ställe, den Zustand und die Gesundheit unserer Pferde, Kamele und aller anderen Tiere innerhalb von Sindbads Mauern.

Als auch dies erledigt war, erlaubte ich mir zu dösen, bis mich der Geruch von Omsars geschmorter Lammkeule dazu brachte, mich zu erheben.

Das Mahl war köstlich wie immer, und ich beglückwünschte mich nicht zum ersten Mal, dass ich damals den unfähigen Meisterkoch in die Wüste gejagt hatte und seinen damaligen Gehilfen Omsar zum Herrn über das Reich der Töpfe und Pfannen machte.

Ich war froh, endlich einmal wieder alleine zu sein an einem Abend. Keine Geschäftsfreunde oder Handelspartner waren zu bewirten. Die Geschäfte waren durch den herannahenden Krieg ein wenig komplizierter geworden, was die Verbindungen nach Osten hin betrafen. Ansonsten aber gingen sie ihren gewohnten Gang. Mal mit mehr Ärger, mal mit weniger und manchmal sogar mit keinem.

Die Türen hin zum Park waren weit geöffnet, von irgendwoher schwangen sich leise Flötentöne zwischen Büschen und Bäumen hindurch, und der Himmel begann mit seinen abendlichen Verkleidungsspielen, bis das flammende Rot schließlich in der Schwärze der Nacht aufging. Einige Fledermäuse huschten durch das Dunkel, und um die Ölleuchten schwirrten Insekten.

Es war noch nicht sehr spät, als ich mich entschloss, schlafen zu gehen. Doch der Schlaf wollte nicht kommen.

Ich schickte einen Boten zu Tawaddud.

Eigentlich sollte er mir nur berichten, ob sie schon schlafe, doch sie öffnete selbst die Tür zu meinem Schlafgemach. Wir kennen uns lange genug, dass ihr das erlaubt ist. Ich saß in meinem breiten Korbsessel am weit geöffneten Fenster und sah hinaus in den Garten. Nicht weit entfernt schrie ein Esel, als ob ihm ein Metzger das Messer an den Hals legen würde. Von irgendwoher trug der Wind zartes Glockengeläut über die hohen Mauern des Anwesens. Vielleicht war heute ein heiliger Tag der Juden oder Christen. Ich wusste es nicht.

Doch Tawaddud roch ich, noch bevor sie in meiner Nähe war. Geräuschlos wie der Wind in einer vom Gesang der Zikaden erfüllten Wüstennacht, trat sie hinter mich und legte ihre Hände auf meine Schultern. Warme, weiche, feste und vertraute Hände.

„Wird Osira die Zeit überstehen?" fragte ich irgendwann, ohne die Augen zu öffnen.

„Das Mal wächst", antwortete Tawaddud und setzte sich neben mich. „Wenn Sindbad nicht rechtzeitig wieder hier ist, wird Osira elend umkommen."

„Wenn Osira stirbt, weil er zu spät zurückkehrt", sagte ich düster, „wird auch Sindbad keine Freude mehr am Leben haben."

Ich sah sie an. Tawaddud hatte ihr rabenschwarzes Haar zu einem dicken Zopf gebunden, der ihr über die Schulter fiel. Die Finger ihrer linken Hand hatten einen Muskelknoten an meiner Schulter entdeckt. Langsam begannen sie zu kreisen, zu drücken und zu kneten. Mit einem genussvollen Seufzen atmete ich aus. Sanft drückte mich Tawaddud auf die weichen Kissen. Ich überließ mich ihren Händen, in denen eine Heilkraft wohnte, wie ich sie bei niemand anderem kannte.

Während alle Fragen nach Irgendwohin entschwanden, murmelte ich mit geschlossenen Augen: „Wenn du den Schleier dieses Rätsels lüften kannst, weißt du, welche Frage mich wirklich beschäftigt in diesem Augenblick?"

Tawaddud schnalzte aufmunternd mit der Zunge und verstärkte den Druck ihrer Fingerspitzen, die langsam über meinen Rücken kreisten.

„Stell dein Rätsel!" forderte sie mich auf, und ich begann mit gestelzter Stimme zu rezitieren:

„Sag an, wie heißt dies Schwesternpaar?
Wie Raben gleicht es sich aufs Haar.
In einer Haut bis an ihr End.
Verbunden nicht und nicht getrennt.

Ein jede Tränen viel verströmt.
Doch alle ihr zum Tranke nehmt.
Ein Brauch entzieht sie unserm Blick.
Ein Schleier hält vom Griff zurück."
Als ich schwieg, hörte ich Tawaddud leise lachen. „Die Lösung für dein Rätsel ist wirklich einfach. Die Brüste der Frauen sind damit gemeint. Und ich glaube zu wissen, dass du zwischen den meinen ruhen willst."
„Ich kann die Weisheit der Frauen nur loben", murmelte ich mit geschlossenen Augen.
Ich spürte ihre Hände nicht mehr, hörte aber das Rascheln von Seide und Tuch. „Wenn der Mond dir leuchtet, brauchst du nicht mehr nach den Sternen schielen", hörte ich sie sagen.
Als ich den Kopf zur Seite drehte und meine Augen öffnete, stand Tawaddud nackt an meinem Arbeitsplatz. Die Leselampe verbreitete ein warmes Licht in dessen flackerndem Schein geheimnisvolle Schatten ihren Leib umspielten. Sie hatte einen Blick auf die Papyrosrolle dort geworfen und las, was ich mir herbeigeholt hatte. Liebevoll betrachtete ich sie.
Wie lange kannten wir uns schon?
Wie lange schon waren wir ein Paar?
Tawaddud hatte wohl meinen Blick gespürt. Sie drehte sich zu mir und lächelte. „Sindbads Reisen hast du dir zum Lesen bereitgelegt?"
Ich nickte: „Der Schlaf wollte nicht kommen, und ich dachte, ich lese noch ein wenig. Sindbad sprach von einem goldenen Stab, der nun in das Steuer seines Schiffes eingearbeitet ist. Ich kann mich nicht erinnern, dass ein solcher Stab in Sindbads Besitz ist und dachte, vielleicht finde ich in den Aufzeichnungen eine Antwort auf meine Frage. Doch nun bist ja du hier."

Sie blätterte ein wenig in den Schriftstücken. Dann nahm sie sich eine Rolle und kam zu mir. „Mach es dir bequem", forderte sie mich auf und strich mir mit den Fingerspitzen den Rücken hinab, dass mich ein wohliger Schauer überlief. „Ich werde dir vorlesen."

Ich brummte vor Zufriedenheit, und Tawaddud begann mit ihrer unvergleichlichen Stimme zu lesen, was ich vor vielen Jahren auf Geheiß von Sindbad niederge-schrieben hatte:

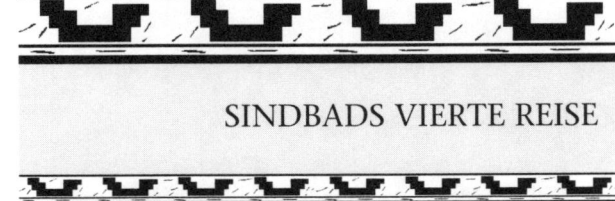

SINDBADS VIERTE REISE

Lange Zeit lebte ich zufrieden und in großen Freuden in meinem Haus in Madinat as-Salam, der Stadt des Friedens.

Doch dann überkam mich wieder große Sehnsucht, und eine drängende Stimme in meinem Innern rief mich, wieder auszufahren, fremde Meere zu erkunden, unbekannte Länder und Völker kennenzulernen, Neues zu erfahren und Handel zu treiben. So ließ ich Waren verpacken und Edelsteine und Gold, kaufte mir ein kleines Schiff, mit dem ich den Tigris hinunterfuhr nach Basra, während meine Waren unter gutem Schutz mit einer Karawane dorthin reisten. In Basra suchte ich mir in aller Ruhe einen großen Kauffahrer, auf dem ich mich zusammen mit anderen wohlhabenden und vornehmen Kaufleuten einschiffte, nachdem der Preis für Fracht und Reise zu aller Zufriedenheit ausgehandelt war.

So segelten wir dahin, hinaus aus der uns bekannten Welt über fremde Meere. Wir legten an unbekannten Inseln und Gestaden an, trieben Handel mit allerlei fremden Völkern und machten guten Gewinn.

Eines Tages jedoch kamen wir in einen Sturm, wie ich ihn noch nie erlebt hatte zuvor. Der Kapitän ließ alle Segel reffen, bis auf einen winzigen Rest sehr starken Tuches, warf Treibanker aus und versuchte so, den tosenden Sturm abzuwettern.

Doch die Gewalt der Elemente war zu groß für uns. Eine riesige Welle überrollte unser Heck, brach mit Gewalt über unser Deck, zersplitterte den Großmast wie einen kranken Baum und drückte unser gutes Schiff hinab in sein nasses Grab.

Ich wurde von der Welle mitgerissen und umhergewirbelt, dass ich kaum noch wusste, wo oben und unten zu finden war.

Halb ertrunken konnte ich mich an die Wasserober-
fläche kämpfen und schwamm dort einen halben Tag in
den tobenden Wellen des Orkans, bis ich eine große
Planke des Schiffes fand, auf die ich mich schließlich
keuchend und mit letzter Kraft hinaufziehen konnte.

Als es Abend wurde, hatten sich sechs weitere meiner
Gefährten zu mir auf die Planke retten können und so
trieben wir frierend dahin in unserem Elend, unserem
Durst und unserem Hunger. Noch einen weiteren Tag
und nochmals eine dunkle Nacht mussten wir festge-
klammert auf der Planke verbringen, immer in Gefahr
von den gischtenden Wellen heruntergerissen zu werden. Abwechselnd schliefen wir, so dass die einen auf
die anderen achten konnten.

Am frühen Morgen dann wurden wir an ein fremdes
Gestade gespült, offenbar eine Insel. Wir waren fast tot
vor Anstrengung, Müdigkeit, Durst und Schrecken. Wir
taumelten über den kargen Strand hinein ins Land und
fanden zum Glück Süßwasser, Wurzeln und Früchte, mit
denen wir unseren quälenden Durst und Hunger stillen
konnten. Den Abend und die Nacht verbrachten wir am
Strand, froh, endlich einmal wieder geschützt vor Wind
und Wasser, an einem sicheren Platz unsere Augen
schließen zu können.

Ein wenig zu Kräften gekommen und ausgeruht, gingen
wir am nächsten Morgen los, um die Insel zu erkunden.
Viel gab es da nicht zu entdecken. Die Pflanzen waren
uns vertraut, wilde Tiere schien es keine zu geben, denn
wir sahen keinerlei Spuren, die darauf hingedeutet hätten. Gegen Mittag entdeckten wir in der Ferne ein
Gemäuer, das wie ein großes, weißgetünchtes Gebäude
aussah. Wir hofften auf Menschen und Unterkunft und
Hilfe in unserer Not und lenkten unsere Schritte darauf

zu, während wir uns gegenseitig unser Glück versicherten und dem Erschaffer des Einen und Allen für seine Gnade dankten.

Als wir näherkamen sahen wir, dass wir vor einem großen Palast standen. Die Tore öffneten sich und eine Schar fettleibiger, nackter Männer kam herausgelaufen und zerrten uns mit sich, hinein in den aus grob behauenen Felsen errichteten Bau, durch Pforten und Säle, bis zu ihrem König, obwohl wir uns sträubten und wehrten. Der saß nackt wie all die anderen, nur noch fetter und feister auf einem mit Fellen ausgelegten Thron und bedeutete uns mit fremden Worten und eindringlichen Gesten, wir sollten uns setzen.

Da wir dieser Aufforderung nicht sogleich Folge leisteten, drückten uns die Fettleibigen auf bereitliegende Felle nieder, und dann reichten sie uns fremdartige Speisen, zu deren Verzehr uns der König mit vielen Worten und Gebärden eindringlich aufforderte.

Obwohl ich hungrig war, tat ich nur zum Schein, als würde ich essen, denn der Geruch der fremden Speise gefiel mir nicht und die erwartungsvollen Gesichter der vielen nackten Männer, die um uns standen noch viel weniger.

Wenn nur meine Gefährten auf mich gehört hätten, aber sie machten sich hungrig über das Essen her. Kaum jedoch hatten sie die ersten Bissen geschluckt, redeten sie wirre Sätze, lachten wie balzende Vögel und rollten mit irrem Blick die Augen.

Dann begannen sie, wie Wahnsinnige das Essen in sich hineinzuschlingen, dass ich es nur schwerlich mitansehen konnte, und baten um mehr und mehr davon, als wären sie noch immer ausgehungert wie eine Meute vernachlässigter Papageien.

Dazwischen reichten ihnen Sklaven des fetten Königs Kokosöl zu trinken, um ihre Mägen geschmeidig zu machen. Kaum hatten meine Gefährten davon getrunken, legten sie sich auf den Rücken und streckten stöhnend alle Viere von sich.

Andere Sklaven und Sklavinnen eilten herbei und begannen sie mit einem anderen Öl an Bauch und Hintern zu massieren. Meine Gefährten verdrehten die Augen, als würden sie alle Wonnen des Paradieses genießen. Sodann erhoben sie sich und machten sich aufs Neue über die Speisen her, als ob sie nahe daran wären, zu verhungern.

Nach diesem aberwitzigen Fressen, das bis in die späte Nacht andauerte und sich ständig wiederholte, wurden wir in ein Haus gebracht, wo wir in kargen Zimmern eine Unterkunft fanden.

Ich versuchte auf meine Gefährten einzureden, argumentierte, lamentierte, schrie und versuchte es sogar mit Schlägen ins Gesicht, um sie zum Erwachen zu bringen. Aber ich konnte kein vernünftiges Wort mehr mit ihnen reden. Sie lachten irre und gebärdeten sich, als ob sie nicht mehr Herren ihres Willens und Denkens und Fühlens seien.

Fünf Mal am Tag und in der Nacht, brachten die Sklaven große Schüsseln der Speise, welche meinen Gefährten den Sinn verwirrte und von der sie riesige Mengen in sich hineinfraßen. Dazwischen wurden sie ständig mit jenem Öl massiert, das so sehr stank, das einem der bloße Geruch die Sinne zu verwirren drohte.

Sie verdrehten die Augen vor Wollust und zunehmendem Irrsinn. Wenn sie sich nicht an den dampfenden Schüsseln zankten wie ausgehungerte Wildschweine, plapperten sie sinnloses Zeug vor sich hin und hielten sich für groß und wichtig. Dabei wurden sie von Tag zu Tag fetter, während ich abmagerte und zusehends verfiel.

Manche Nacht balgte ich mich mit wilden Hunden um ein Stück Brot und andere Essensreste auf der Straße und hinter den Häusern.

Mit der Zeit jedoch wurde mir klar, was hier geschah, denn ich erinnerte mich an eine Geschichte, die mir ein Lehrer in frühen Jahren erzählt hatte. (Ja, auch diesen habe ich vorzeitig entlassen, weil ich dachte, er brauche und könne mich nichts mehr lehren.)

Der König der Stadt musste ein Ghûl sein und alle Fremden, die in dieses Land kamen, wurden mit der vergifteten Speise willkommen geheißen. Wenn sie dann zu blöden Narren geworden waren, wurden sie gemästet wie Schweine, um schließlich geschlachtet und für den Ghûl zubereitet zu werden.

Ich sann auf Flucht, so sehr es mich auch dauerte, meine Gefährten im Stich lassen zu müssen.

Inzwischen war ich so abgemagert, dass die Wilden keinen Blick mehr für mich übrig hatten und mich schließlich ganz vergaßen, da ich mich so unauffällig wie möglich verhielt und mich schließlich versteckte, wenn sie mit ihren Schüsseln voll dem Fraße kamen, nach dem meine Gefährten gierten mehr und mehr. Eines Nachts beschloss ich, aus dem Haus zu schlüpfen und aus der Stadt zu fliehen, während alle schliefen. Unbemerkt von den wenigen Wachen, konnte ich mich zum Tor schleichen, es öffnen und entkommen.

Ich lief die ganze Nacht und wagte nicht, innezuhalten oder mich auszuruhen, erst als der Morgen kam, versteckte ich mich in einem Gebüsch und wagte, ein wenig zu schlafen. Am Abend ging ich weiter, bis ich an eine große Wegkreuzung kam. Da mich der Weg zur Rechten weiter von dem Reich des Ghûl fortzuführen schien, wählte ich diesen, und wieder rastete ich erst spät in der Nacht. Die Angst vor möglichen Verfolgern trieb mich an und gab mir immer wieder neue Kraft, auch wenn ich manchmal dachte, nun könne ich nicht mehr weiter. Am Morgen quälte mich der Hunger so sehr, dass ich mir einige Kräuter suchte und auch einige Früchte. So floh ich sieben Tage und Nächte immer weiter fort von dem Ort des Schreckens, an welchem ich gewesen war, und an dem meine Gefährten sicherlich schon ihr trauervolles Ende gefunden hatten.

Doch am siebten Tage musste ich von einem Hügel aus erkennen, dass ich das Ende der Insel erreicht hatte. Nicht mehr lange und das unendliche Meer würde meine Flucht begrenzen.

Was sollte ich dann tun?

Ich setzte mich, rastete und schaute um mich.

Da war mir, als ob sich in der Ebene vor dem Strand etwas zu bewegen schien. Vorsichtig lief ich näher, und als ich am Abend endlich dort war, erkannte ich ein oder zwei Dutzend Männer und Frauen, die nicht wie Wilde aussahen und unter fröhlichem Gesang gemeinsam Pfefferkörner sammelten.

Als sie mich erblickten, kamen sie neugierig und verwundert auf mich zu und fragten mich, wer ich sei und woher ich käme. Doch als sie mich näher betrachteten, reichten sie mir zunächst zu essen und zu trinken. Dankbar nahm ich alles entgegen, was sie mir darboten. Zwischen meinen hungrigen Bissen erzählte ich freimütig alles, was mir widerfahren war.

Erstaunt umringten sie und beglückwünschten mich auf das Herzlichste. Denn, soweit sie wussten, war seit Menschengedenken noch niemand dem menschenverschlingenden, fettleibigen Ghûl und seinen Untertanen entkommen.

Die freundlichen Pfefferkornsammler feierten bis nach Mitternacht mit mir meine glückliche Rettung. Dann bereiteten sie mir ein Lager dicht an ihrem Feuer. Zum ersten Mal seit langem schlief ich, ohne wieder und wieder von Angstträumen wachgeschreckt zu werden.

Am nächsten Morgen reichten sie mir heißen Tee und süßes Gebäck. Als wir alle gesättigt waren, rüsteten sie ihr Boot, nahmen mich an Bord und setzten die Segel. Wir fuhren über das Meer in Richtung des Sonnenaufgangs, zu einer Nachbarinsel, die wir innerhalb eines Tages bei leichtem Wind und gutmütigen Wellen erreichten.

Dort brachten sie mich zu ihrem König, dem ich meine Geschichte nochmals in aller Ausführlichkeit erzählen musste. Während meines Vortrags brach der König, der in feinste Seide gekleidet war und ein offenes und ehrliches Gesicht hatte, immer wieder in verwunderte Rufe aus.

Als ich meine Erzählung beendet hatte, bat er mich, zu seiner Rechten zu sitzen, ließ Speisen auffahren und schweren dunklen Wein. Musikanten spielten leise, einschmeichelnde Weisen und im Hintergrund des Saales, fast wie Schattengebilde an der Wand, sah ich anmutige Frauen tanzen.

Der König und all seine Ratgeber, die Vornehmen des Reiches, saßen an der Tafel, sprachen angeregt mit mir, und ich erzählte ihnen von meinen früheren Reisen und Erlebnissen, von meiner Heimatstadt, oh, wie sehnte ich mich gerade jetzt nach ihr, meiner Herkunft und meinem bisherigen Leben.

Sehr freundlich waren alle zu mir, und wie eine hochgestellte Person wurde ich in den folgenden Wochen von einem Gastmahl zum anderen geladen, wurde hier willkommen geheißen und da einem wichtigen Edlen vorgestellt oder dort jenen bedeutenden Händlern, deren Namen ich oft schon vergessen hatte, kaum dass sie mir genannt wurden. Alleine sein wollte ich und überdenken, was ich alles erlebt hatte auf dieser Reise. Doch es wurden Feste zu meinen Ehren veranstaltet und Reiterspiele.

Die Stadt des Königs war großzügig erbaut, die Straßen waren breit und sauber, die Märkte voller Reichtum und regem Treiben. Allerdings bemerkte ich wenig alte Menschen auf den Plätzen und Märkten. Und auch bei den Einladungen, auf denen ich meine Abende verbrachte, waren sie eher die Ausnahme, wo sie doch in meiner Heimat zu jedem gelungen Fest beitragen und dazugehören.

Alle Menschen des Königreiches, denen ich begegnete, waren zuvorkommend und überaus geschäftig.

Bei einem großen Fest, zu dem mich der König geladen hatte, saß ich an seiner Seite, als die schönsten Pferde des Reiches vorgeführt wurden. Es waren Tiere, auf die man zu Recht stolz sein konnte. Doch mir fiel auf, dass dieses Volk offenbar die Vorzüge eines Sattels noch nicht kannte. Dies bemerkte ich dem König gegenüber. Er sah mich verständnislos an, als ich ihm erklärte, dass der Reiter durch einen Sattel einen weitaus besseren Sitz hätte und unvergleichlich kraftvoller auf dem Pferd reiten könnte. Als er mich fragte, ob ich ihm das Beschriebene fertigen könnte, nickte ich, und er hieß seinen Leibsklaven, mir in allen Belangen dabei behilflich zu sein.

So ließ ich mir alles kommen, was ich benötigte und schickte dann nach den besten Handwerkern, die mir der Sklave beibringen konnte. Nach sieben Tagen hatte ich einen wunderbaren Sattel gefertigt und ließ mir das Lieblingspferd des Königs bringen. Dem legte ich den Sattel an und ritt so vor dem König auf und ab. Scharfe Paraden und schnellen Galopp, in den Steigbügeln stehend oder fest dagegen gestemmt, um mein Gewicht zu verlagern.Mit staunenden Augen sah mir der König zu. Dann verlangte er, selbst zu reiten.

Als er auf dem dampfenden Pferd zurückkam, sprach er: „Dafür will ich dich reichlich belohnen. Nun sieh aber zu, dass du viele Sättel fertigst und den Handwerkern unseres Reiches diese Kunst beibringst, denn ich denke, alle, die ein Pferd besitzen, wollen solch einen wunderbaren Sattel haben. Du aber sollst in einem Haus nahe des Schlosses wohnen und die Aufsicht über die Fertigung dieses einzigartigen Reitsitzes sein."

So kam ich schon in kürzester Zeit zu hohem Ansehen und Wohlstand, und eines Tages ließ der König mich zu sich kommen. Freundlich, aber sehr bestimmt eröffnete er mir, dass er eine Frau für mich ausgesucht hätte, und dass ich mich vermählen müsste, da er mich eng an sein Königreich binden wolle.

Ich wusste, dass ich nicht widersprechen durfte, denn wem der König nicht freundlich gesonnen war, der hatte es nicht leicht in seinem Reich.

Daher neigte ich in stillem Einverständnis mein Haupt, während ich bei mir über die verschlungenen Pfade nachdachte, die einem der Erschaffer des Einen und Allen manches Mal bereitet.

Ich konnte nicht klagen über die Frau, welche der König für mich bestimmt hatte. Sie war schön wie eine dunkle

Rose und dabei gebildet und klug. Sie war von hohem Stande und Herrin über eine Unzahl von Häusern, Höfen und Gütern.

Der König schenkte mir ein schönes Haus, das er einrichten ließ und mit allem ausstattete, was in einem vornehmen Haushalt benötigt wird. Auch gab er mir ein hohes Einkommen, so dass ich in aller Behaglichkeit, Zufriedenheit und Freude lebte und die Mühsal, die Qual und die Not, die mir widerfahren war, schnell vergessen hatte.

Ich liebte meine Frau von Herzen, und auch sie war mir mit Freuden zugetan. Wir lebten herrlich und in lustvollen Freuden, bis die Frau meines Nachbarn, der auch mein Freund war, starb.

Voll mitfühlendem Kummer ging ich zu ihm, um mit ihm die Last seiner Trauer zu teilen, ihn zu trösten und meiner Freundschaft zu versichern. Ich fand ihn in allertiefstem Elend sitzen, und kein Wort von mir vermochte sein Leid zu mindern.

Als ich endlich nicht mehr weiter wusste und lauter als gewöhnlich meinte, dass das Leben schließlich weitergehe, weitergehen müsse, für ihn, auch wenn seine Frau, die er sicher sehr geliebt hatte, gestorben sei, widersprach er mir mit zittriger Stimme: „Mein Freund, du hast gut reden. Doch mein Leben währt gerade noch einen Tag. Dann ist es vorbei!"

Ich beschwor ihn, nicht so zu reden, er sei doch gesund und wohlauf.

Doch er gab mir Antwort und erklärte: „Du kennst offensichtlich noch nicht all unsere Bräuche. Bei unserem Volke ist es Sitte, dass der Mann seiner Frau nachfolgt ins Grab, wenn sie zuerst gestorben ist. Stirbt der Mann zuerst, dann wird die Frau mit ihm beerdigt. Deshalb kann ich nicht auf ein langes Leben hoffen. Heute Abend werde ich gemeinsam mit meiner Frau beerdigt."

„Das ist eine Sitte, die dem Leben des Menschen nicht entspricht!" rief ich empört. „Wie kann man so etwas ertragen?"

Doch ich bekam keine Antwort, denn noch während wir sprachen, kamen Verwandte und Bekannte, um dem Mann ihr Beileid auszusprechen über den Verlust seiner Gattin und um seiner selbst willen.

Dann wurde die Leiche gebadet, gesalbt, in feinstes Linnen gekleidet und all ihr Schmuck wurde ihr angelegt. So gerichtet für ihren letzten Gang, wurde sie auf eine Bahre gelegt. In einer feierlich schweigenden Prozession, wurde die Frau so aus dem Haus getragen.

Der Mann schritt an der Spitze der Bahre, tief betrübt und weinend.

Ich folgte dem Trauerzug hinaus aus der Stadt, an den Fuß eines hohen Berges. Dort wurde ein schwerer Stein zu Seite geschoben. Darunter führte ein dunkles Loch tief in den Berg hinunter. Hier also war der Friedhof des Königreiches.

Ohne große Umstände warf die Trauergemeinde die verstorbene Frau hinunter. Dann wurde dem Mann ein Seil um die Brust gebunden. Ohne Gegenwehr ließ er alles mit sich geschehen. Einige kräftige Männer ließen ihn langsam in die Höhle hinunter, seiner Frau hinterher. Zuvor hatten sie ihm einen Krug Wasser und sieben Brote als Wegzehrung gereicht. Als der arme Mann den Grund der Höhle erreicht hatte, zogen die Trauergäste das Seil wieder empor und wälzten danach den Fels auf die Öffnung.

Dann ging jeder seines Weges. Ich jedoch fragte mich, weshalb ich auf jeder meiner Reisen noch schlimmere

Todesarten kennenlernen musste, und ging zum König, um ihn genauer nach dieser Sitte zu befragen.

Er bestätigte mir alles und führte aus, dies solle sichern, dass Frau und Mann auch im Lande der Toten zusammen sind.

Ich fragte ihn eindringlich, ob dieser Brauch auch angewandt würde, wenn nun ein Mann aus einem fremden Lande etwa mit einer hiesigen Frau verheiratet sei und diese würde unglücklicherweise vor ihm sterben.

„Ja", bestätigte der König. „Da er in unserem Lande verheiratet ist und mit einer Frau aus unserem Volk, wird mit ihm verfahren, wie es bei uns Brauch und Sitte ist, und wie du es heute erlebt hast."

Ich ging von ihm, und mir wollte beinahe die Galle zerspringen vor Angst und Elend. Wie hatte ich mich nur vermählen können in diesem Land, dessen Sitten und Gebräuche mir fremd waren?

Kaum konnte ich meiner Frau noch in die Augen sehen nach diesem Gespräch mit dem König. Ständig plagte mich die Angst, was geschehen würde, wenn meine Frau nun vor mir sterben sollte. Das Leben verlor alle Freuden für mich. Die Tage vergingen in schmutzigem Grau. Alle Farben schienen sich vor mir zu verbergen, denn ich nahm keine mehr wahr.

Irgendwann flüchtete ich mich in Geschäfte und schob all diese trüben Gedanken von mir. Doch dann erkrankte meine Frau. Kein Arzt, kein Heiler, keine Hexe konnten ihr helfen, und schon nach wenigen Tagen starb sie.

Kann sich jemand meine Gedanken vorstellen?

Hier also sollte ich mein Ende finden?

Weit weg von meiner Heimatstadt?

Weil eine Sitte es verlangte, der ich mich nie und nimmer gebeugt hätte, wäre sie mir nur bekannt gewesen.

Warum nur hatte ich nie nach den Gebräuchen gefragt, welche in diesem Volke Gesetz waren?

Alle kamen, die mich kannten. Sogar der König selbst sprach mir Trost zu und versuchte, mich aufzumuntern.

Allein ich erlebte alles wie in einem düsteren Traum.

Meine verstorbene Frau wurde gewaschen, gekämmt und gesalbt und dann mit all ihren Edelsteinen und dem Geschmeide geschmückt. Schließlich wurde sie auf eine Bahre gelegt und aus der Stadt getragen.

Mich nahmen die Männer in ihre Mitte und drängten mich hinterher zum Felsen, der über dem Loch der Leichenhöhle lag, da ich mich weigerte an der Spitze der Bahre zu gehen. Manchen missmutigen Blick musste ich dafür ertragen.

Sie warfen den Körper meiner toten Frau hinab in die dunkle Höhle und wollten dann mir das Seil um die Brust binden.

Doch ich wehrte mich und rief: „Es ist nicht richtig, dass jemand, der eure Gebräuche und Gesetze nicht kennt, nach ihnen behandelt wird. Ich bin ein Fremder und hätte niemals geheiratet, wäre mir diese garstige Sitte bekannt gewesen."

Aber sie kümmerten sich nicht um meine Worte. Sie banden mich, vergaßen auch den Krug mit Wasser und das Brot nicht und ließen mich hinunter in die dunkle Höhle. Als ich auf dem felsigen Grund angekommen war, verlangten sie, ich solle mich losbinden, damit sie das Seil zu sich hochziehen könnten. Doch ich weigerte mich, so dass sie es schließlich zu mir hinunterwarfen, bevor sie den Felsen wieder auf das Loch wälzten und es dunkler wurde, als im Bauch eines Krokodils.

Da saß ich nun auf den Knochen der Toten, die im Laufe der Jahre hier begraben worden waren. Es stank erbärmlich, und ich fühlte mich so elend wie noch nie. Ich beklagte verzweifelt mein Schicksal. Warum war ich nicht schon längst auf dem Meer umgekommen? Weshalb hatte mich nicht ein gnädiger Tod schon lange zuvor geholt? Warum soll ich auf so abscheuliche Weise mein Leben verlieren? Ich haderte mit dem Erschaffer des Einen und Allen, bis ich schließlich erschöpft niedersank und nur noch einen schnellen Tod herbeisehnte. Doch der wollte nicht kommen. Ich teilte mein Wasser ein und das Brot. Nur einmal am Tag nahm ich einen Bissen und trank einen Schluck.

Da sehnte ich mir den Tod herbei und war doch darauf bedacht, nicht zu schnell zu sterben. Wahrlich, der Mensch ist seltsam in seinen Wünschen und seinem Begehren nach ein wenig Leben.

Ich weiß nicht, wie lange ich so dahinvegetierte, einer einsamen Kellerassel gleich. Nach wer weiß wieviel Zeit raffte ich mich endlich auf, tastete mich an den Wänden der Höhle entlang und entdeckte, dass sie weit verzweigt und groß war. Abseits der großen Leichenhalle fand ich eine Nische, in welcher es trocken war und die Luft frisch und klar. Dort richtete ich mir ein Lager ein. Hunger und Durst quälten mich, bis sich mein Leib in Krämpfen schüttelte, und ich Wachträume hatte von Essen und Trinken.

Da geschah es, dass ich Lärm hörte aus der großen Höhle und einen kleinen Lichtschein. Ich schlich mich hinzu und sah, dass eben ein Verstorbener in die Höhle geworfen wurde und nach ihm seine Frau, der man reichlich Vorräte an Wasser und Brot mitgegeben hatte.

Irre vor Hunger und Durst zögerte ich nicht. Ich nahm mir den Oberschenkelknochen eines großen Mannes, der hier schon lange gelegen hatte, stürzte auf die Frau zu und erschlug sie, ehe sie wusste, wie ihr geschah. Dann nahm ich all ihre Vorräte und flüchtete so schnell ich konnte dorthin, wo ich mir mein kleines Lager errichtet hatte.

Später machte ich mir oft Gedanken und Vorwürfe über diese Zeit in der Leichenhöhle. Doch inzwischen bin ich alt genug, zu wissen, dass dort im Reich der Toten, andere Gesetze herrschen, als in einem Land, das von gebildeten und gesitteten Menschen bewohnt wird.

So fristete ich mein kümmerliches Dasein unter all den Toten eine lange Zeit. Wurde jemand heruntergelassen, tötete ich ihn und nahm mir seine Vorräte. Bevor ich das tat, wäre ich selbst wohl froh gewesen, ich hätte solch einen schnellen Tod gehabt wie meine Opfer. Ich weiß wohl, dies kann mein Tun nicht entschuldigen - vielleicht kann es mein Tun erklären?

Eines Tages, ich hatte genügend Wasser und Vorräte, denn in der Stadt wütete wohl eine tödliche Krankheit, so dass an einem Tag manchmal zwei Verstorbene und ihre Ehegatten durch das Loch herabgelassen wurden, hörte ich auf einem Erkundungsgang durch die Höhle ein fremdartiges Scharren und Kratzen.

Ich schlich auf das Geräusch zu und sah eine Ratte, die vor mir floh. Als ich ihr folgte, führte sie mich zu einem kleinen Loch, aus dem es schimmerte und glomm, als sei ein Stern im Dunkel meiner Höhle aufgegangen.

Ich war mir sicher, dass ich dahinter einen Ausgang aus dieser finsteren Gruft finden könnte und mein Herz wurde leicht und stieg in die Höhe, wie eine Lerche im aufsteigenden Wind eines Frühlingstages.

Hier hatten die Ratten sich einen Weg gebahnt, um in die Leichenhöhle zu kommen. Also würde ich hier auch einen Weg heraus aus dem Reich der Toten finden.

Meine Augen würden die Sonne wieder sehen, meine Haut sich an ihren Strahlen erwärmen. Vielleicht würde ich Früchte finden und eine Quelle.

Mit den Händen verbreiterte ich den winzigen Spalt. Vier Tage und Nächte arbeitete ich nahezu ununterbrochen. Meine Finger waren blutig und meine Nägel waren abgebrochen.

Doch am ersten Tag roch ich die würzige Luft der Erde, am zweiten konnte ich einige Blicke auf die Sonne erhaschen, am dritten hörte ich das Rauschen des Meeres und am vierten brach ich die letzten Steinbrocken aus dem Spalt, und über mir breitete der unendliche Sternenhimmel seine leuchtenden Arme aus.

Lange saß ich. Die Sterne wanderten über mich hin und tief unter mir rauschte das Meer. Wenn ich die Bahn der Sternbilder richtig deutete, saß ich auf einem hohen Felsen an der Küste des Salzmeeres. Da pries ich den Erschaffer des Einen und Allen, denn ich wusste, dies war eine oft befahrene Handelsroute der Kauffahrer.

Mit dem Seil, an dem ich hinunter in die Höhle gelassen worden war, kletterte ich jetzt an den Strand, tauchte mich unter im Meer, wusch mich und hatte das Gefühl, dass ich nach langer, langer Zeit wieder gereinigt sei.

So saß ich Tag um Tag, Nacht um Nacht an der Küste, oben in den Felsen. Wenn meine Vorräte zur Neige gingen, holte ich sie mir wie gewohnt aus der Leichenhöhle. Auch sammelte ich dort alles Geschmeide, Gold, Silber und Edelsteine von den Verstorbenen, band sie in Tücher und nahm sie mit an meinen Platz an der Küste.

Der Mond nahm zu und wieder ab.

Und ich saß und wartete.

Das Meer sang mir sein Lied, und die Sterne erzählten mir Geschichten.

Ich saß und dachte daran, wie ich neben meiner toten Frau gesessen hatte. Und dabei schwanden mir jedesmal wieder aufs Neue die Sinne. Ich stürzte in eine Ohnmacht, aus der ich jedesmal verwirrt und zerschlagen erwachte.

Endlich sah ich eines Tages die Masten eines Kauffahrers über der Kimm auftauchen. Ich kletterte an dem Seil den Felsen empor und stellte mich auf den äußersten Klippenrand.

Ich wusste, dass der Steuermann diesen Felsen durch sein Fernrohr anpeilen würde. Lange genug war ich schon zur See gefahren. Er musste mich einfach sehen. Ich schwenkte ein großes, grellbuntes Tuch, das ich von einer der Toten genommen hatte, an einem langen Stock. Und wirklich, nicht sehr lange dauerte es, da bemerkte ich an der Stellung der Segel, dass das Schiff den Kurs geändert hatte und auf den Felsen zusteuerte.

Schnell kletterte ich nach unten, nicht ohne den Stock mit dem bunten Tuch der Toten auf der Klippe in die Erde gerammt zu haben.

Am Strand angekommen sah ich schon ein Ruderboot auf mich zukommen.

Ich wurde mitgenommen und an Bord des Kauffahrers freundlich aufgenommen.

„Wie kommst du auf diesen einsamen Felsen?" fragte mich der Kapitän, nachdem mir Speise und Trank gereicht worden war, und ich auf weichen Kissen gebettet saß.

Ich erzählte ihm, dass ich ein Kaufmann sei, dessen Schiff durch einen furchtbaren Sturm zerstört wurde. „Durch die Gnade des Erschaffers des Einen und Allen konnte ich mich mit meinen Waren auf eine Planke retten", fuhr ich fort.

Ich wurde rot wegen dieser Lüge und kramte verlegen in einem der zusammengeknoteten Tücher. Nachdem das Blut wieder aus meinem Kopf gesunken war, reichte ich ihm eine Hand, voll mit kostbaren Edelsteinen und schimmerndem Geschmeide. „Dies will ich Euch und Eurer Mannschaft geben, denn ihr habt mich vor dem Tode gerettet."

Der alte Kapitän sah auf meine Hand und dann auf mich. „Wenn wir einen Schiffbrüchigen retten, nehmen wir nichts an. Wir geben ihm zu essen und zu trinken, Kleidung, wenn er welche benötigt und ein Geschenk, wenn er an einem Hafen unser Schiff verlässt. So ist es Brauch unter Seefahrern."

Beschämt steckte ich den Schmuck, den ich den Toten genommen hatte wieder zurück und dankte dem Kapitän und all den Seemännern und Kaufleuten, die auf diesem Schiff fuhren.

Obwohl ich noch lange Monate auf diesem Schiff fuhr, reichen Handel trieb und mit dem alten Kapitän gut Freund wurde, erzählte ich ihm nie, woher der Reichtum kam, den ich bei mir hatte.

Nach langer Zeit führte uns der Weg nach Basra zurück. Ich verließ das Schiff und wurde reich beschenkt beim Abschied, denn das Schiff, das einen Schiffbrüchigen rettet und heimbringt, ist ein gesegnetes Schiff auf alle Zeit.

Ich fand eine Karawane nach Bagdad, der Stadt des Friedens, und gelangte glücklich zurück in mein Haus. Alles war zu meiner Zufriedenheit und meine Sklaven und Bediensteten freuten sich, dass ich glücklich und wohlbehalten zurückgekehrt war.

All die Edelsteine und den Schmuck, das Geschmeide und das Gold, welches ich von den Toten genommen hatte, gab ich Witwen und Waisen in unserer Stadt und ließ Schulen davon errichten und Lehrer bezahlen. Es tat meinem Herzen gut, dass der Reichtum der Toten nun den jungen Lebenden zugute kam.

Nur den Ehering meiner Frau ließ ich an meinem Finger. Stets sollte er mich von nun an daran erinnern, dass ich keine Heiratsformel mehr nachsprechen wollte, deren genauen Sinn und Inhalt ich nicht wusste.

Oftmals saß ich mit Freunden in lauen Nächten im Garten am Ufer des Tigris, und wir sprachen über meine Reisen oder auch über ihre Erlebnisse.

Von meinen Erlebnissen im Reich der Toten, in der grausigen Höhle jedoch, sprach ich nicht gerne.

Bagdad, 190 Jahre nach Muhammeds Higra, 812 n.Chr.

Tawaddud legte die Aufzeichnungen zur Seite, und ihre Fingerkuppen strichen behutsam über meine Augenbrauen. Schon lange war es still geworden im ganzen Anwesen. Ein dünner Mond hatte sich den Himmel emporgesichelt. Von meinem Schlafraum, an der Ostseite des Haupthauses im zweiten Stock, sah ich die dunklen Schatten der Minarette, deren Spitzen silbern im Licht der Nacht glänzten. Über den stummen Bäumen hörte ich das dunkle Schu-schu zweier Käuzchen.

„In dieser Geschichte ist wohl der wahre Grund verborgen, weshalb du nie heiraten wolltest", flüsterte Tawaddud schließlich schelmisch. Dann beugte sie sich über mich und küsste mich.

Ich kam langsam zurück von jenem paradiesischen Ort an dem man ist, wenn einem eine Geschichte vorgelesen wird, die man auch noch selbst niedergeschrieben hat und öffnete die Augen. Mein Kopf ruhte auf Tawadduds Bauch.

„Nun ja", gab ich zu, „das Erlebnis Sindbads stimmt zumindest nachdenklich, wenn man daran denkt, sein Leben mit einem anderen durch richterlichen Beschluss zu verbinden."

Einige Augenblicke überlegte ich. „Und dich konnte ich ja nicht heiraten, denn verheiratete Frauen dürfen keine Vorträge mehr im Haus der Weisheit halten."

Tawaddud lachte still. Ich spürte es, weil mein Kopf zu wackeln begann.

„Wäre unser Leben anders verlaufen, wenn wir geheiratet hätten vor all den Jahren?" fragte sie.

„Diese Frage will ich mir nicht stellen?" sinnierte ich vor mich hin. „Ich bin zufrieden mit dem was war. Und mit dem was ist. Und das, was kommt, wird mir gegeben. Ob ich es nun will oder nicht!"

„Wärst du also nicht hinausgefahren an Sindbads Stelle? Hättest du dich dem ergeben was ist?" Tawadduds Stimme hatte einen Klang, den ich von ihren Auseinandersetzungen mit Kufhar oder Abdallah her kannte, wenn es darum ging, ob der Schleier für eine Frau schicklich sei oder nicht, oder ob eine Frau nicht auch die Bibliothek im Haus der Weisheit nutzen dürfe und zwar allein, und ähnliche Dinge. Ich wusste, dass ich meine Worte abwägen musste jetzt, denn aus einem mir unerfindlichen Grund, begann in Tawaddud offensichtlich ein Ärger zu wachsen.

„Natürlich hätte ich versucht, was ich versuchen hätte können. Denn was bedeutet solch ein Fluch anderes, als dass jemand gehen muss, ihn zu lösen."

„Du wärst also nicht hinausgefahren, wie Sindbad?" beharrte Tawaddud auf ihrer Frage.

„Ich, Chacril, der ich nun einmal bin", antwortete ich ihr, „hätte nicht hinausfahren können auf das Meer, weil ich kein Seefahrer bin und über kein Schiff wie die Dshin verfüge. Du weißt ja, was das Sprichwort sagt: Wem die Götter kein Schiff geben, für den gibt es auch keine Überfahrt."

Ich überlegte einige Augenblicke und versuchte das Schweigen Tawadduds zu ergründen. „Ich wäre den Weg gegangen, den ich hätte gehen können. Was wäre mir anderes übrig geblieben?"

Offensichtlich besänftigte meine Antwort, die in Tawaddud aufsteigende Streitlust. Sie legte sich wortlos neben mich.

„Ich leide mit Osira!" sagte sie viel später und kuschelte sich in meinen Arm.

„Ich mit Sindbad!" gab ich Antwort.

Nun sangen es die Spatzen von den Dächern Bagdads. Die Streitkräfte des Kalifen, unter dem Befehl General Ibn-Benaris, hatten ihre Stellung bei Hamadan nicht halten können und waren vernichtend geschlagen worden. General Tahir rückte mit seinen Truppen auf die Stadt des Kalifen vor. Widerstand brauchten sie nicht mehr zu fürchten auf ihrem Weg, denn es gab niemanden mehr, der sich ihnen hätte entgegenstellen können.

Ich ließ die beiden Schiffe im Hafen Bagdads zu Wasser bringen, ausrüsten und mit dem beladen, was ich nach Basra befördern wollte, solange es die Lage noch zu sicheren Bedingungen erlaubte.

Die heftig diskutierte Frage auf Bagdads Straßen und Plätzen war nicht nur, wie lange es noch dauern würde, bis die Stadt belagert wird. Viel spannender war es, eine Antwort zu finden darauf, wie sich die ehemaligen Elitetruppen Harun al-Raschids, die Söhne des Abassiden, verhalten würden. Wenn sie sich für den Kalifen al-Amin oder dessen Wesir, al-Fadl ben ar-Rabi, den Grauen entschieden, würden die Angreifer unter General Tahir wenig ausrichten können. Doch was würde sein, wenn sie sich anders verhielten? Es war allgemein bekannt, dass ihnen der Nachfolger Haruns, der jetzige Kalif al-Amin, zuwider war, weil er das Testament seines Vaters geändert hatte. Ein Testament, das im Heiligtum in

Mekka, bei der Kaaba selbst aufbewahrt wurde. Der andere Sohn Haruns jedoch, al-Ma'mun, war ihnen nicht geheuer, denn er war unter dem Einfluss der Barmakkiden aufgewachsen. Und dieser mächtige und reiche Clan hätte gerne, gemeinsam mit dem Grauen, selbst die Macht übernommen. Die Söhne des Abassiden wussten, dass die Barmakkiden und der Graue nur darauf warteten, dass sich die Söhne Harun al-Raschids in ihrem Krieg gegenseitig so schwächen würden, dass jeder einzelne von ihnen danach leicht bezwungen werden konnte.

Und deshalb warteten die Söhne des Abassiden.

Das konnten sie auch.

Denn sie waren eine Macht in Bagdad.

Eine Macht, die gut ausgebildet war und unter Waffen stand!

Der Palastbezirk war inzwischen abgesperrt und gesichert wie ein Gefängnis. Der Pöbel begann in den Außenbezirken Bagdads die Straßen nicht nur des Nachts, sondern inzwischen auch immer ungestörter am Tage zu beherrschen. Die übelsten Geschichten über die Ausschweifungen des Kalifen wurden am hellen Tag laut über die Bazare gegrölt, ohne dass jemand dagegen vorgegangen wäre, und in manchen Vierteln war man nach Sonnenuntergang seines Lebens nicht mehr sicher.

Die beiden Tauben, mit der Zeichnung des Horns und dem Brief an Sindbad, dass er sich nach Syrakus aufmachen solle, um dort auf weitere Nachrichten zu warten, waren schon seit über einer Woche von mir auf ihren Weg nach Sousse gebracht worden.

Vielleicht wartete Sindbad schon in Syrakus verzweifelt auf eine Brieftaube von uns, eine Nachricht, die ihm hätte weiterhelfen können.

Ich war ungeduldig, und Ungeduld ist die Mutter schlechter Laune.

Barsch rief ich den Aufseher herbei und gab ihm die notwendigen Anweisungen für den Tag. Danach ging ich in die Haushaltsräume und Küchen. Dort besserte sich meine Laune, nachdem ich vom Koch einige Leckereien zum Kosten bekommen hatte und ein Becher dampfenden Tees vor mir stand. Nur kurz besprach ich mit Omsar, was in den nächsten Tagen an Verpflichtungen anstand, nämlich nichts. Keine Einladungen, keine Handelspartner zum Essen, keine Gäste.

Omsar, der Koch, druckste ein wenig herum und erzählte von einer bezaubernden neuen Liebschaft, die in einer der Vorstädte Bagdads auf ihn warten würde. Ich gab ihm den Rest der Woche frei, unter der Auflage, seine Augen offen zu halten, hinzuhören, was die Menschen in den Kaffeehäusern sprachen und auf den Bazaren. Vor allem sollte er herausfinden, wie die Stimmung bei den Söhnen des Abassiden war, welcher Seite sie ihre Macht leihen wollten und zu welchem Preis. Er nickte dankbar, versprach, aufmerksam zu sein und ein wenig herumzufragen. Ich wusste, dass ich Omsar vertrauen konnte. Gehilfen würden in seiner Abwesenheit für alles Notwendige sorgen.

Am Abend dann kam ein Bote von Aneas und überbrachte mir eine Einladung für den nächsten Tag. Endlich!

Meine Sänfte wurde dreimal angehalten und von missgelaunten Posten kontrolliert, bevor ich endlich in den inneren Mauern des Palastbezirkes war, wo Aneas sein Haus hatte. Der Kalif musste in ziemlicher Angst leben, wenn er solchen Wert auf Sicherheit legte. Nun ja, aus seiner Sicht und mit der herannahenden Bedrohung, war dies auch recht verständlich.

Aneas Haus hatte eine unscheinbare Fassade. Nach außen hin war es ein schmales Gebäude, das zwischen der wuchtigen Fassade des Ministeriums für Wasser und Landwirtschaft und dem verspielten Bau, in dem die Akademie der schönen Künste untergebracht waren, kümmerlich ein schattiges Dasein führte. Doch sobald man den langen, schmalen und dunklen Eingangsflur hinter sich gebracht hatte und in den Innenhof mit den alten Feigenbäumen und Palmen trat, konnte man erkennen, welch Juwel an Grundbesitz Aneas hier besaß.

Der Abend war mild, und so blieben wir im Garten. Aneas ließ Kissen bringen, und wir setzten uns auf die steinernen Bänke, die rund um eine kräftig sprudelnde Quelle errichtet waren. Das Quellbecken war aus einem einzigen großen Bergkristall gefertigt. Als die Bediensteten sich wieder zurückgezogen hatten, begann Aneas von seinen Bemühungen zu berichten, etwas über den Aufenthalt von Kaiser Karl herauszufinden.

Trotz seiner vielfältigen und über lange Jahre gewachsenen Beziehungen zu den Beamten der verschiedensten Ministerien, war es nicht leicht gewesen, überhaupt etwas zu erfahren. Der Geheimdienst interessierte sich nicht für den Frankenkaiser. Mit der derzeitigen innenpolitischen Lage waren diese Beamten vollkommen ausgelastet. Schließlich jedoch sei er fündig geworden im Ministerium für Handelsbeziehungen. Dort habe sich ein Schreiber erinnert, dass eine kleine Delegation schon vor Monaten aufgebrochen war, um mit dem fränkischen Herrscher über die Sicherheit der Handelsstraßen zu verhandeln. Es dauerte zwei Tage, und eine nicht unerhebliche Summe Geld, bis der Schreiber das entsprechende Schriftstück gefunden hatte. Die Gesandtschaft hatte den Auftrag, nach Ravenna zu reisen, denn dort, so hatten es die diplomatischen Gespräche im Vorfeld ergeben, wollte Kaiser Karl das christliche Neujahrsfest feiern.

„Ravenna?" warf Kufhar ein. „Wo ist denn das?"

Taranox erklärte, wo dieser Hafen im mittelländischen Meer zu finden ist.

„Ich hoffe, du hast recht, Aneas", gab Johann mit sorgenvoller Miene zu bedenken. „Nach allem, was ich erfahren konnte von Reisenden aus dem Westen, die Nachrichten aus dem Reich der Franken zu berichten hatten, zieht Karl es mit zunehmendem Alter immer öfter zu den heißen Quellen seines Kaisersitzes Aachen. Auch wenn dieser Ort anscheinend nicht viel mehr ist, als ein größeres Dorf, umgeben von dunklen Wäldern und sumpfigen Niederungen."

„Das hört sich nicht so an, als ob man da leben wollte", sagte Abdallah und schüttelte den Kopf. „Was sind ein paar heiße Quellen, gegen ein warmes Meer?"

„Wir können nur hoffen, dass Aneas mit der Auskunft, die er erhalten hat, Recht behält", stellte Taranox fest.

„Ich weiß, dass Ravenna einen Hafen hat, denn ich kenne einen Händler dort. Aachen liegt, wenn ich mich recht erinnere, nicht am Meer. Sindbad kann also nicht mit der Dshin dorthin reisen und würde viel mehr Zeit brauchen, um sein Ziel zu erreichen."

Johann nickte bekräftigend. „Einen Hafen gibt es in Aachen nicht."

„Also geben wir Sindbad den Rat, nach Ravenna zu fahren, und hoffen, dass Kaiser Karl dort sein wird, um die Zeit des christlichen Neujahrsfestes?" fragte ich.

Alle nickten, und keiner erhob die Stimme, um eine andere Meinung zu äußern.

Taranox hatte schon vor Tagen dem Händler aus Syrakus zwei Tauben abgekauft. „Diese Nachricht ist wichtig", sagte er. „Deshalb denke ich, zwei Tauben sind sicherer als eine", begründete er seine Entscheidung und die horrende Summe, die er für die Tauben bezahlt hatte."

Die Tauben warteten in einem kleinen Käfig, den Taranox mitgebracht hatte. So ließ Aneas nach seinem Schreiber schicken, weil wir beschlossen, den Brief an Sindbad noch heute und hier zu fertigen.

Ich wurde eingehend nach Osiras Zustand befragt. Leider konnte ich nicht viel Erfreuliches berichten. Sindbads Frau lag weiterhin in totengleicher Starre. Das schrecklich entstellende Mal allerdings, war Osira nun schon über Mund und Kinn gewachsen.

Während der Schreiber seine Utensilien richtete, die Tinte mischte und den Federkiel spitzte, zog Johann, sichtlich zufrieden, ein Stück Papier aus seiner Tasche. „Seht, was ich gefunden habe im Haus der Weisheit. Jemand hat dort, in einer Auflistung der Kostbarkeiten, vor vielen Jahren eine Zeichnung des Horns gefertigt. Ich habe eine Kopie davon herstellen lassen. Schaut!"

Staunend betrachteten wir die kleine Kostbarkeit, welche uns Johann zeigte. Der Zeichner hatte sein Werk sorgfältig koloriert und bis auf die kleinsten Kleinigkeiten waren die Ornamente auf dem Horn aus Elfenbein darauf zu erkennen. Selbst auf der Zeichnung, war zu spüren, dass es mit diesem Horn eine wunderbare Bewandtnis hatte.

„Lasst uns dieses Bild einer der Tauben mitgeben", schlug Aneas vor. „So weiß Sindbad zumindest, wie das Horn der Erkenntnis beschaffen ist."

Johann und auch die anderen hielten dies für eine gute Idee und waren damit einverstanden.

Wir diktierten dem Schreiber den Brief, siegelten ihn mit den besten Wünschen und Aneas versicherte, die Briefe und das Bild noch vor Sonnenaufgang mit den beiden Tauben loszuschicken.

Während wir gekühlte Getränke zu uns nahmen, plauderten wir noch ein wenig über die derzeitige Situation in Bagdad.

Kufhar sagte voraus, dass sich die Söhne des Abassiden ruhig verhalten würden, wenn General Tahir Bagdad belagert. Abdallah wusste, dass eine schnelle Reitertruppe von Tahirs Heer inzwischen südlich von Bagdad am Tigris Stellung bezogen hatte und so den Weg nach Basra kontrolliere. Ich war froh, die beiden vorbereiteten Schiffe, mit Wichtigem und Kostbarkeiten aus Sindbads Besitz, schon vor einigen Tagen auf ihre Reise geschickt zu haben.

Inzwischen war die Sonne untergegangen und Sklaven hatten Fackeln und Öllampen entzündet. Unter dem Schmunzeln der anderen, lobte Taranox mein bisher unentdecktes Talent als Geschichtenerzähler an Fischständen, von dem er zu seinem Erstaunen gehört hatte.

„Auch der Fischer hat erkannt, wie gut das für sein Geschäft ist", sagte ich. „Er machte mir das Angebot, jeden Abend bei ihm zu erzählen. Für meinen Fisch und meinen Wein müßte ich nichts bezahlen."

Aneas klatschte in die Hände. Eilig wurden kleine Tische aufgestellt und die vorbereiteten Platten und Schalen mit warmen und kalten Leckereien gebracht. „Du könntest dich ein wenig üben", forderte er mich auf. „Auch wir werden gerne mit Geschichten unterhalten, während wir speisen."

„Ja!" bekräftigte Kufhar. „Erzähle uns, was es mit der Dshin auf sich hat. Welchen goldenen Stab hat Sindbad in ihr Ruder einsetzen lassen?"

„Ich rätsle noch darüber", musste ich gestehen. „Doch bisher fand ich noch keine Antwort."

„Dann lass mich nochmals die Geschichte hören, wie Sindbad und ich zusammentrafen", schmunzelte Taranox. „Wenn ich ihn damals nicht aufgenommen hätte, wer weiß, ob wir dann heute hier zusammensitzen würden, um ihm einen Brief nach Syrakus zu schicken."

„Wenn du nicht gewesen wärst, Taranox", bestätigte ich seine Rede, „hätte Sindbad niemals mehr in seinem Leben jemandem getraut, der älter ist als er selbst."

„Du machst mich neugierig, Chacril." Abdallah lehnte sich bequem an den Stamm eines Feigenbaumes und sah mich erwartungsvoll an.

„Das geschah auf der fünften großen Reise Sindbads", begann ich ...

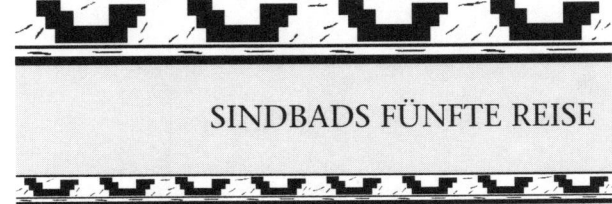

SINDBADS FÜNFTE REISE

Ich lebte in Frieden und Freude in meinem Haus, lud meine Freunde zu mir, ging in die Bibliotheken, trieb Handel, ergötzte mich an sinnlichem Tanz, Gesang und langen Gesprächen, genoß meinen ausgesuchten Harem und ließ es mir gut gehen.

Den liebreizenden Annäherungsversuchen heiratswilliger Damen allerdings wich ich in panischer Flucht aus, ebenso ließ ich mich auf keines der klebrigen Gespräche ein, mit denen mancher Vater mir seine Tochter anzupreisen versuchte.

Wenn meine Freunde und ich zusammensaßen, manchen Abend und manche Nacht, hatten wir viel zu Lachen und uns viel zu berichten. Auch Ernsteres, als die mit zunehmendem Alter einsetzenden allgemeinen Rückenprobleme.

Ich fühlte mich wohl und daheim.

Doch mit der Zeit ertappte ich mich, wie ich manchmal in der Nacht auf meinem Lager lag und zwischen Wachen und Traum vermeinte, den lockenden Gesang des Meeres zu hören, das flüsternde Rauschen der Wellen, die vielfältigen Stimmen der Winde.

Wenn ich dann die Augen schloss, glaubte ich sanft in diesem Rhythmus zu schaukeln, wie in einer Hängematte, die zwischen Großmast und Besan gespannt ist.

Das Grauen, welches ich erlebt hatte, auf jeder meiner bisherigen Reisen, verschwand. Stattdessen fand ich beim Erwachen Salz auf meinen Lippen, wenn ich sie mit der Zunge benetzte.

Und wieder erwachte eine Sehnsucht in meiner Seele, deren Herkunft mir unerklärlich war und die ich nicht bändigen konnte.

Die meisten meiner Freunde, mit denen ich meine Pläne besprach, rieten mir ab, erinnerten mich an das Elend, die Angst, das Entsetzen, welches ich durchleiden hatte müssen auf meinen bisherigen Reisen.

Einzig der alte Chacril lächelte mir ermunternd zu und stand mir mit weisem Rat jederzeit zur Verfügung.

Mit großer Umsicht und viel Bedacht wählte ich meine Waren auf dem Bazar, ließ alles seefest in Ballen packen, rüstete eine große Karawane aus, der sich gegen Bezahlung auch noch andere Kaufleute anschlossen.

Gut gerüstet und gewappnet, mit Führern und bewaffneten Schutztruppen, zog ich von Bagdad, der Stadt des Friedens, hin nach Basra, der Perle des Orients.

Dort suchte ich im Hafen und auf den Werften, bis ich ein stattliches, aus gut gelagerten, starken Planken, erbautes Schiff fand. Das erstand ich nach einigem Handeln, und ich habe keinen überteuerten Preis dafür bezahlt.

Ich wählte mir einen erfahrenen Kapitän, heuerte gemeinsam mit ihm eine zuverlässige Mannschaft an und rüstete das Schiff für eine lange Fahrt.

Andere Kaufleute schlossen sich mir an und bezahlten für Fracht und Fahrt.

Meine Nase weitete sich wie die eines Hengstes, wenn er eine rossige Stute wittert, als wir das Flußdelta hinabfuhren, und ich endlich den Atem des Meeres roch. Zufrieden stand ich neben dem Kapitän und fühlte, wie sich mein Schiff langsam im Rhythmus der Wellen zu heben und zu senken begann. Ein ablandiger Wind füllte die aufgezogenen Segel, und so ließen wir Basra und das sichere Land schon bald weit hinter uns.

Ich fuhr endlich wieder dahin über das Meer, von Hafen zu Hafen, von Küste zu Küste, von Insel zu Insel. Ich versank im Betrachten der Spur, die das Kielwasser meines Schiffes auf die Wellen zeichnete und verlor mich im Gesang der Gischt, die um unseren scharf geschnittenen Bug tanzte.

Die Winde waren uns wohlgesonnen und die Wellen ebenso. Wir schauten uns bei fremden Völkern und in unbekannten Häfen und Städten um, trieben Handel und mehrten unseren Wohlstand.

Eines Tages trieb uns der Wind auf unserer Reise an eine große Insel. Der Kapitän ließ die Anker fallen und einige der Kaufleute ließen sich mit dem Ruderboot an Land bringen, um sich die Beine zu vertreten und zu erforschen, was es dort wohl alles gäbe. Ich selbst blieb an Bord und wollte mir, nach einem köstlichen Mahl, einen ausgiebigen Mittagschlaf gönnen.

Die Kaufleute auf der Insel hatten auf einem Hügel inzwischen eine gewaltige weiße Erhebung entdeckt, zu der sie neugierig gegangen waren. Dort angekommen entdeckten sie, dass die Kuppel in Wahrheit ein riesiges Ei war. Unwissend, wie sie waren, wussten sie nicht, dass sie vor einem Ei des Vogel Ruch standen, den ich ja auf einer meiner früheren Reisen schon kennengelernt hatte.

Ich hätte sie warnen können, doch ich schlief auf dem Schiff.

So schlugen die Kaufleute mit ihren Lanzen und Säbeln Löcher in das riesige Ei. Sie mussten sich kräftig mühen bis das Fruchtwasser herauslief, und sie schließlich das Junge darin, welches seiner nahen Geburt entgegendämmerte, herausziehen konnten.

Sie zerlegten es, brieten das zarte Fleisch, und ein Stück davon ließen sie mir auf das Schiff kommen, damit auch ich in den Genuß dieses Leckerbissens käme. Als der Diener es mir reichte und die Geschichte seiner Herkunft erzählte, erschrak ich sehr.

Eilig schickte ich nach den Kaufleuten, sie sollten sofort auf das Schiff kommen, und dem Kapitän befahl ich, die Anker zu lichten und die Segel zu setzen.

„Denn wenn der Vogel Ruch zu seinem Nest kommt und sieht, was wir angerichtet haben, wird er uns in seinem Zorn vernichten", erklärte ich.

Kaum hatte ich gesprochen, wurde es finster wie in der Nacht. Die Schwingen des Vogel Ruch verdunkelten die Sonne, und als er entdeckte, was mit seinem Ei geschehen war, begann er mit lautem Weheklagen und rief mit seinen gellenden Schreien sein Weibchen herbei.

Unterdessen waren hastig die Anker gelichtet worden und alle Segel gehisst. Langsam nahm mein gutes Schiff Fahrt auf, und wir entfernten uns von der Insel des Vogel Ruch.

Mir wurde leichter zumute. Wusste ich doch, dass diese Vögel das Wasser verabscheuen, und so fürchtete ich keinen Sturzflug der riesenhaften Wesen auf unser Schiff, das sie wohl mühelos in ihren Krallen hätten davontragen können.

Doch als das Weibchen herbeigeflogen war, begannen die beiden schrecklichen Vögel über uns zu kreisen, ihr Kreischen klang wie Donnerschläge bei einem heftigen Gewitter und der Sturm ihrer Flügelschläge blähte unsere Segel, dass die geschmiedeten Beschläge aus dem Holz sprangen und unser Großmast fast geborsten wäre. Der erfahrene Kapitän und seine Seemänner jedoch wussten, was zu tun war. Eilig hatten sie die Segel gerefft, bevor mein wackeres Schiff noch größeren Schaden nehmen konnte.

Als die wutentbrannten Riesenvögel sahen, dass sie uns so nicht bezwingen konnten, flogen sie zur Insel zurück und landeten dort auf einem Berg. Wir Kaufleute und die Mannschaft brachen in Hochrufe aus, doch alle verstummten schnell, als sich die beiden Vögel wieder in die Lüfte erhoben und uns nachfolgten.

Als sie näherkamen, konnten wir mit Schrecken ausmachen, dass beide riesige Felsbrocken, halbe Hügel in ihren Klauen hielten, die sie wohl auf uns werfen wollten.

Durch sein geschicktes Steuern konnte der Kapitän dem Felsbrocken des Männchens gerade noch ausweichen. Doch der Felsen war so groß, dass unser Schiff zuerst angehoben wurde von einer gewaltigen Welle und dann hinabsauste in einem wilden Sog, bis unsere schreckgeweiteten Augen den Grund des Meeres sehen konnten.

Der Großmast barst und splitterte und viele von uns wurden über Bord gerissen von dieser Kraft. Als wir wieder hochgeschleudert wurden und auf den aufgewühlten Wellen tanzten wie ein Stückchen Rinde von einer Korkeiche, ließ das Weibchen ihren Fels fallen.

Unser Kapitän und die Mannschaft hatten keine Gewalt mehr über das Schiff. Der Fels zerschlug das Ruder und riss das Heck meines stolzen Schiffes hinab in die schäumende Tiefe.

Auch ich wurde hinabgezogen in das unendliche Blau und weiß nicht mehr, wie ich wieder an die Oberfläche des noch schäumenden Meeres zurückgekehrt war. Ich fand mich wieder an eine Planke geklammert, Salzwasser hustend und würgend, doch am Leben.

Weit am Horizont sah ich die beiden Riesenvögel davonfliegen. Ich zog mich auf die Planke und begann mit Armen und Beinen zu paddeln.

„Wieder einmal", dachte ich bei mir, „will mich mein Schicksal strafen. Wie oft bin ich schon fast ertrunken. Soll es nun dieses Mal wirklich geschehen?"

Ich erinnerte mich an meine Häuser in Bagdad, die genussvolle Wasserpfeife zu einem schwarzen, süßen Kaffee und das freundschaftliche, gemeinsame Schweigen während solcher Augenblicke.

Doch nun trieb ich dahin auf dem endlosen Meer, auf der letzten Planke, die mir von meinem stolzen Schiff geblieben war, hin auf einen ungewissen Horizont.

Wind und Wellen waren mir günstig.

Oder soll ich besser sagen, mein Schicksal wollte es so.

Sei es, wie es ist und sein soll.

Am frühen Abend, die Sonne richtete sich schon ihren vergoldeten Weg auf den Wellen, wurde ich von einer letzten großen Woge mit überschäumender Gischt an den Strand eines Eilandes geworfen.

Ich zog mich höher an den einladenden Strand und blieb im warmen Sand liegen, bis sich mein Herz beruhigt hatte, und ich wieder klar denken konnte.

Ich hatte mein Schiff verloren, das mich über die Meere getragen hatte und all mein Hab und Gut, waren die ersten Gedanken, die mir durch den Kopf gingen.

Doch dann verspürte ich Hunger und Durst, vor allem Durst.

Und als ich mich im Abendlicht auf der Insel umsah, glaubte ich im Paradiesgarten zu sein. Früchte gab es ohne Zahl und Beeren und Kräuter und Wurzeln. Überall sangen buntgefiederte Vögel, Bäche fand ich mit klarem, erfrischend kühlem Wasser. Ich stillte meinen Durst, aß mich satt und pries den Erschaffer des Einen und Allen für seine grenzenlose Güte, deren allumfassende Weisheit ich wohl nie im Leben imstande sein würde auch nur zu erahnen.

Die Nacht kam, und ich fand eine windgeschützte Mulde, die mit langen Gräsern so weich gepolstert war, wie ein wertvolles Brokatkissen gefüllt mit flaumigen Daunen. Ich sank in seligen Schlummer, aus dem ich wohlgestärkt und mit frischem Mut erwachte, den nur ein neuer Morgen mit sich bringen kann.

Doch wie der Tag dann endet, das wird erst der Abend sagen.

Den Vormittag über streifte ich über die Insel, aß von jenem Strauch eine wohlschmeckende Beere oder diesem Baum eine sättigende Frucht, trank und freute mich, dass ich noch atmete, nirgendwo Schmerzen verspürte an meinem Leib und dass das Leben mir mild gesonnen war. Ich würde leben können, auf diesem Eiland - überleben können, bis ein Schiff hier vorbeikam. Da ich inzwischen über genügend Kenntnisse der Navigation verfügte, wusste ich wohl, dass diese Insel nahe einer alten Route der Kaufleute und Seefahrer lag, und so konnte ich voll Hoffnung sein, dass über kurz oder lang ein Schiff mich mit sich nehmen würde.

Ich erinnerte mich wohl an meine früheren Reisen und wie ich damals geklagt hatte, wenn ich denn wieder einmal Schiffbruch erlitten hatte.

Hatte ich nicht geschworen, bei allem was mir heilig ist, niemals mehr einen Fuß auf das Deck eines Schiffes zu setzen, das sich aufmachte, über das Meer hinzufahren?

Als die Sonne in ihrem Zenit über mir stand, mein Schatten fast gänzlich unter mir versunken war, kam ich an eine Quelle, an der ein uraltes Schöpfwerk angebracht war, welches das Wasser in die verschiedensten Kanäle leitete.

An dem knarrenden und knarzenden Schöpfwerk saß ein alter Mann, mit würdigem grauen Bart und seltsam dunklen Augen, der mich mit verschwommenem Blick anstarrte.

Bis auf einen geflochtenen Schurz aus Blättern eines mir fremden Baumes, war der Alte nackt.

Ich freute mich, auf eine menschliche Seele gestoßen zu sein, denn zu zweit sind alle Leiden halb so schlimm und viel leichter zu ertragen, das haben mich meine früheren Reisen gelehrt.

Auch er wird wohl ein Schiffbrüchiger sein wie ich selbst, dachte ich und grüßte voller Freude.

Der Alte jedoch sagte kein Wort, starrte mich aus seinen wässrigen Augen an und winkte mit seiner knochigen Hand. Ich fragte ihn, aus welchem Grund er hier sitze und wie und wann er denn hier an diesem Eiland gestrandet sei.

Da schüttelte der Alte betrübt sein Haupt und gab mir durch aufgeregte Handzeichen zu erkennen, ich solle ihn auf meine Schultern heben, um ihn von seiner Seite der Schöpfrinne auf diejenige zu bringen, wo ich mich befand.

Natürlich gewährte ich dem Alten seinen Wunsch und hoffte gleichzeitig, dass der Himmel mich eines Tages für meine gute Tat belohnen würde.

Kaum jedoch hatte der alte Mann seine dürren Beinchen um meine Schultern und den Hals geschlungen, begannen sie sich zu verwandeln. Sie wurden knochig und stark, bekamen ein Fell und sahen aus, wie die Hufe eines Büffels, schwarz und rauh.

Voller Entsetzen schüttelte ich mich und zog und zerrte, um ihn so schnell wie möglich wieder von meinen Schultern zu werfen. Doch die unheimlichen, nach Mist und Moschus stinkenden Beine würgten mich, bis mir schwarz vor Augen wurde und ich niederstürzte. Der Alte, oder was immer es war, das ich nun auf meinen Schultern tragen musste, kannte indes kein Erbarmen.

Er schlug mir seine Fersen in die Seite und peitschte mich mit einer dünnen, grünen Rute, die er sich von einem Busch gebrochen hatte, bis ich taumelnd wieder auf die Beine kam.

Mit der Hand deutete er in die Richtung, wohin ich mich zu wenden hatte.

So ritt er auf mir unter die Bäume, welche die besten Früchte trugen. Diese pflückte und aß er, auf meinen Schultern sitzend mit triefendem Schmatzen und genussvollem Grunzen.

Wenn die Früchte abgefressen waren, trieb er mich weiter zum nächsten Baum, und so ging es Stunde auf Stunde, Tag auf Tag, Woche auf Woche, Monat um Monat.

Ich weiß nicht mehr, wie lange dieses schauderhafte Wesen, das die Gestalt eines würdigen Alten gehabt hatte, nun schon auf meinen Schultern saß und mich über die Insel trieb.

Nicht einmal im Schlaf verließ mein höllischer Begleiter meine Schultern. Mit seinen fest zusammengepressten Beinen, ließ er mir manches Mal kaum mehr genügend Luft zum Atmen, und ich würgte mich über die Tage und Nächte oftmals am Rande der dunklen Bewusstlosigkeit.

Wie oft hatte ich mich abgemüht, wenn ich dachte, nun sei er endlich so tief im dunklen Land des Schlafes? Doch dem Klammergriff der bockbeinigen Hufe konnte ich nicht entkommen.

Weder bei Tag noch bei Nacht.

Selbst seine Notdurft verrichtete der Alte auf meinen Schultern sitzend, so dass ich jeden Tag von ihm über und über beschmutzt wurde.

Ich schwor bei allem, was mir noch heilig war in jener Zeit, und das war nicht mehr viel, wie ich wohl gestehen kann, niemals mehr in meinem Leben jemandem etwas Gutes zu tun, denn dieses Scheusal auf meinen Schultern hatte gerade dies mit Bösem vergolten und ließ mich nun leiden unter seinem Joch.

Wieder und wieder überhäufte ich mich mit Vorwürfen und wünschte mir, schon viel früher einen gnädigeren Tod gestorben zu sein.

Weshalb auch hatte ich mich wiederum aufgemacht auf diese neue Reise?

Hatten nicht alle Freunde mir geraten, nicht mehr hinauszufahren?

Nur Chacril, mein alter Lehrer und jetziger Schreiber und Verwalter hatte mir zustimmend zugenickt.

Und auf gerade solch einen Alten war ich hereingefallen und musste ihn nun zur Strafe ständig mit mir herumtragen. War ich ihm nicht zu Willen, stieß er mir seine bocksbeinigen Fersen in die Seiten und peitschte mich, bis ich tat, was er verlangte.

Eines Tages trieb das Scheusal auf meinen Schultern mich zu einer Stelle der Insel, an welcher große Kürbisse wuchsen.

Der Alte war gesättigt, und ich hatte ein wenig Ruhe vor ihm, so dass ich mir einen der Kürbisse nehmen konnte, ihm den Deckel abschnitt und ihn leerte. Dann füllte ich dieses Gefäß mit dem Saft von Trauben, die nahebei wuchsen und die ich zwischen meinen Fingern zerquetschte.

Anschließend legte ich den Deckel wieder auf den Kürbis und ließ den Inhalt in der heißen Sonne gären.

Als ich nach einigen Tagen wieder an diesen Ort getrieben wurde, füllte ich meinen Trinkbeutel mit dem starken Wein, der sich in dem ausgehöhlten Kürbis gebildet hatte und trank in langen Schlucken, um meine Traurigkeit, mein Elend und meine Müdigkeit zu vergessen. Alsbald war ich wieder guter Dinge und konnte endlich einmal wieder richtig schlafen.

Wie gut, dachte ich, noch bevor sich meine Gedanken völlig vernebelten, dass ich einen alten griechischen Lehrer gehabt hatte in meiner Jugend, der mich oft in seinen Weinberg mitgenommen hatte, um mir dort die Geheimnisse der Natur zu lehren.

Ich erwachte unter den schmerzhaften Hieben und Stößen des Scheusals auf meinem Rücken und mit einem dicken Kopf und ausgetrocknetem Hals. Widerwillig ließ ich mich unter die Bäume treiben, wie ich es gewohnt war.

Am Abend jedoch, als der Alte auf meinen Schultern satt und müde geworden war, ging ich dorthin, wo ich den Kürbis gefüllt hatte. Ich trank in langen Schlucken und sorgte auch dafür, dass mein Trinkbeutel prall an meiner Seite hing. Als ich mich schließlich schlafen legte, schloss ich eilends die Augen, um den bunten Träumen hinterherzueilen, in das wärmende Land trunkenen Vergessens.

So fristete ich lange Monde mein erbärmliches Leben, oder das, was mir davon übrig geblieben war, bis mich das stinkende Scheusal auf meinen Schultern eines Abends durch Handzeichen fragte, was ich denn da trinke.

Ich pries in höchsten Tönen die belebende Wirkung dieses Trankes und beteuerte, dass sein Genuss dem Herzen Kraft gibt und den Geist befreit.

Zum Beweis nahm ich einige Schlucke aus dem Kürbis und tanzte dann mit ihm auf meinen Schultern unter den Bäumen, klatschte in die Hände und sang Lieder, die ich in meiner Kindheit gelernt hatte.

Als der Alte mich so ausgelassen und fröhlich erlebte, bedeutete er mir, dass ich ihm den Kürbis reichen solle. Ich gehorchte, und er trank in langen Zügen alles aus, was noch darin war - und das war nicht wenig.

Nach einiger Zeit bekam er einen Schluckauf und belustigte sich selbst darüber. Er grunzte und rülpste fidel in alle Richtungen der Winde und wackelte hin und her auf meinen Schultern. Schließlich jedoch überwältigte ihn der starke Wein, seine Muskeln und Glieder wurden schwach und schlapp, und ich konnte sie leicht von meinen Schultern lösen. Wie ein nasser Sack plumpste das alte Scheusal von meinen Schultern.

Schnell entfernte ich mich einige Schritte und betrachtete das widerwärtige Unwesen.

Und anstelle eines würdigen Alten, sah ich in den mumifizierten Totenschädel eines spitzzähnigen Monsters, das dünn und knochig auf der Seite lag und wohl einen schönen Traum träumte, denn um die zerfurchten und zerfallenen Lippen spielte ein mildes, von uraltem Wissen zeugendes, freudvolles Lächeln.

Mich überkam eine furchtbare Angst, das Unwesen könne mir etwas antun, sobald es wieder nüchtern und wach werden würde.

Ich nahm den großen, schweren Kürbis, den ich für den Wein ausgehöhlt hatte und zertrümmerte mit diesem den lächelnden Schädel.

Ich habe den Alten verflucht in diesem Augenblick, später habe ich dies bedauert. Möge seine Seele selig und wissend werden, auf dass sie solch Böses nie mehr auch nur zu denken wagt.

Ich streifte über das Eiland, hatte zu essen und zu trinken und starrte Tag um Tag von der höchsten Erhebung hinaus auf die wogende See.

Niemals mehr ging ich zu dem Ort, wo ich das Scheusal erschlagen hatte. Zu sehr schreckte mich die widerwärtige Erinnerung.

Ich musste lange warten, bis ich den vorbereiteten Holzstoß auf dem Hügel entzünden konnte und mit frischen Blättern reichlich Rauch in den wolkenlosen Himmel schickte. Die Masten eines Seglers waren an der Kimm aufgetaucht.

Fast hatte ich selbst nicht mehr daran geglaubt.

Ich pries die Aufmerksamkeit des Ausgucks als ich bemerkte, dass sich die Spitze des Bugs in Richtung meines Eilandes drehte und tanzte vor ausgelassener Freude laut jubelnd um das dicht qualmende Feuer.

Wie lange wähnte ich die Zeit, bis das Schiff endlich Anker geworfen und mich an Bord genommen hatte.

Der Kapitän, die Händler und Seeleute umringten mich staunend, als ich ihnen von meinen Erlebnissen berichtete.

Doch schließlich erklärte mir ein alter Matrose mit Haaren so eisgrau wie die Wasser der nördlichen Meere im Winter, dass ihm der Mann auf meinen Schultern bekannt sei als der Alte vom Meere.

Seines Wissens sei noch niemand von ihm erlöst worden, den er einmal unter seine Beine gebracht hatte.

Als der alte Seemann dies erzählt hatte, beglückwünschten mich alle zu meiner Rettung und kleideten mich, wie es sich für einen Kaufmann geziemt.

Der Kapitän befahl, die Anker zu lichten und die Segel zu setzen. In freundschaftlicher Runde fuhr ich endlich wieder über das Meer bei Tag und bei Nacht, bis uns das Schicksal, das uns allen unbekannt und fremd bleiben wird, bis ans Ende unserer Tage, zu einer an steilen Felsen errichteten Hafenstadt führte.

Die Fenster und Türen der Häuser dort blickten alle auf das Meer hinaus, denn mit ihrer Rückseite klebten sie an den Felsen, wie die Nester einer Kolonie von Seeschwalben.

Ich wunderte mich, als mir der Kapitän sagte, diese Stadt würde den Namen die „Affenstadt" tragen.

Nachdem er meinen erstaunten Blick bemerkte, erklärte er: „In dieser Stadt ist das Leben so geregelt, dass am Tage alle Bewohner ihren gewohnten Geschäften nachgehen. Sie treiben Handel, backen und schmieden, kaufen und verkaufen, pflanzen und ernten. Doch sobald es dunkel wird, flüchten sich alle Menschen dieser Stadt in Boote und Schiffe, mit denen sie in die weite Bucht vor ihrer Stadt fahren. Dort ankern sie und verbringen so die Nacht."

„Aber was ist der Grund für ein solch seltsames Verhalten", wollte ich neugierig wissen.

„In der Nacht", fuhr der Kapitän fort, „fallen Horden von wilden Affen in die Stadt ein und jeden, den sie dort finden und fangen können, töten sie und fressen ihn auf."

Die Erzählung des Kapitäns hatte mich neugierig gemacht, wie es wohl in solch einer Stadt mit solchen Bräuchen aussehen möge. Ich ließ mich mit dem Ruderboot an Land bringen, um mich dort umzusehen.

Ich fand alles wie in anderen Hafenstädten, die ich inzwischen auf meinen Reisen kennengelernt hatte.

Die Gassen waren zu eng und der Schmutz stapelte sich in dunklen Ecken.

Balgende Kinder behinderten das Fortkommen der Ochsenkarren, es gab stinkende Fressbuden und allerlei Stände mit Köstlichkeiten aus dem Meer oder aus dem Landesinnern.

Auf dem Markplatz überboten sich die Händler in den blumigsten Bildern, um ihre Waren anzupreisen.

Wie lange war ich auf keinem Marktplatz gewesen?

Mit leuchtenden Augen ging ich von diesem Stand zu einem anderen, begutachtete die Waren, befragte die Händler nach Herkunft, Qualität und Preis.

Schnell erkannten sie in mir einen erfahrenen und weit gereisten Kaufmann, und mit diesen lang vermissten Gesprächen verging Stunde um Stunde, ohne dass mir dies gewahr wurde.

Als es jedoch zu dämmern begann, verstummten die Gespräche rasch.

Die Händler packten ihre Waren zusammen, verschlossen ihre Marktstände mit Holzbrettern und eilten sich, hinunterzukommen in den Hafen.

Ich erinnerte mich an die Erzählung des Kapitäns und rannte, so schnell mich meine Beine trugen, über die holprigen, gepflasterten Straßen in steilen Serpentinen hinab in den Hafen der Affenstadt. Atemlos kam ich dort an.

Doch ich konnte schauen so lange ich wollte, das Schiff auf dem ich hierhergekommen war, hatte den Anker gelichtet und war mit der abfließenden Flut davongesegelt.

Ich setzte mich auf die Kaimauer und weinte kummervolle Tränen.

Kaum glaubte ich mich gerettet von dem einen Elend, da führte mich das Schicksal in ein nächstes, das kaum geringer war als das vorhergehende. Warum nur war mir kein ruhiger Lebensweg beschieden, wie so vielen von meinen Freunden und Bekannten?

Ich missgönnte ihnen ihre Behaglichkeit und Ruhe und wusste doch gleichzeitig, dass es ja ich selbst gewesen war, den es wieder hinausgedrängt hatte in die verlockende Weite der Meere, hin zu fremden Völkern, Neuem, Unbekanntem.

Ein älterer Mann, der an mir vorbeieilte, hin zu seinem Boot, bemerkte meine einsame Trauer und sprach mich an. Zunächst zuckte ich vor Misstrauen zurück, denn als ich das letzte Mal auf den Rat eines älteren Mannes gehört hatte, hatte ich lange Zeit zu leiden.

Doch der würdige Mann, der Taranox hieß, fragte mich weiter freundlich, ob ich denn ein Fremdling hier in der Affenstadt sei.

Als ich wortlos nickte, lud mich Taranox ein, mit ihm auf sein Boot zu gehen in der Nacht, um in Sicherheit vor den Affen zu sein. Ich zögerte nur kurz, denn was für eine Möglichkeit blieb mir sonst. So dankte ich ihm für seine freundliche Einladung und folgte ihm.

Nachdem seine Familie, die Ehefrau samt Mutter und Vater und eine Handvoll Kinder ihren Platz im Boot gefunden hatten, täute der Mann sein einfaches, aber geräumiges Boot, das einen kleinen Mast besaß und Ruder, von der Hafenmauer los.

Gemeinsam trieben wir das Boot hinaus in die schützende Bucht vor der Stadt. Dort warfen wir den Anker.

Die Ehefrau von Taranox bereitete ein wohlschmeckendes Abendbrot, und wir aßen auf dem stillen Wasser, umringt von vielen anderen Booten, von denen ab und an Gesprächsfetzen oder Lachen zu uns drangen oder auch der verlockende Duft einer gebratenen Köstlichkeit, gewürzt mit wohlriechenden Kräutern.

Der Mond stieg über das Meer, und sein gleißendes Silber auf der nächtlichen Seide des Wassers, ließ alles andere Licht von Lampen und Kerzen verblassen. Nach dem Mahl fragte mich Taranox, ob ich denn ein Handwerk ausüben könne, am besten natürlich eines, das hier fremd sei.

Ich sagte ihm, dass ich zwar einen guten Pferdesattel fertigen könne, ansonsten aber nur über die Fertigkeit des Handels verfüge, da ich ein Kaufmann sei.

Taranox grübelte einige Zeit vor sich hin, dann reichte er mir einen festen, großen Baumwollsack und sagte: „In der Nacht kann er dir als Lager hier auf dem Boot dienen, doch wenn wir am Morgen wieder in die Stadt zurückfahren, dann nimm ihn und fülle ihn mit Kieselsteinen, die du hier überall am Ufer findest. Danach werde ich dich mit einigen Leuten bekannt machen, die dir sicherlich weiterhelfen werden."

So verbrachte ich die Nacht in dem Boot auf dem großen Baumwollsack.

Früh am Morgen, als die Sonne über das Wasser stieg, lichteten wir den Anker und kehrten zurück in die Stadt.

Dort gingen die Menschen dann wie gewohnt ihren Geschäften nach.

Die Affen waren nämlich beim Aufgang der Sonne aus der Stadt geflohen, auf die Bäume gestiegen und fraßen jetzt dort Früchte.

Mein Gastgeber nahm mich wie versprochen mit zu einigen Männern und bat sie, mir zu zeigen, wie ich mein tägliches Brot verdienen könnte. Freundlich begrüßten mich die Männer. Alle trugen sie einen Sack bei sich, der mit Kieselsteinen gefüllt war.

Gemeinsam gingen wir vor die Stadt in die Wälder, wo die Affen nun am Tage Reißaus vor uns nahmen und sich schimpfend auf hohe Kokospalmen flüchteten.

Ich wunderte mich nicht gering über dieses seltsame Verhalten und fragte meine Begleiter, aus welchem Grunde denn die Affen am Tage nicht gefährlich seien.

Doch diese zuckten die Schultern und wussten mir keine Antwort darauf.

Jeder von ihnen suchte sich einen Baum voller Affen und reich an Kokosnüssen, nahm dann die Kieselsteine aus dem Sack und bewarf die Affen damit.

Voller Wut pflückten diese die Kokosnüsse und warfen sie auf die Männer, die sich achten mussten, nicht getroffen zu werden von den schweren Nüssen.

Auch ich suchte mir einen Baum, schleuderte meine Kieselsteine gegen die Affen auf den Palmen, und diese warfen mit Nüssen zurück, und einige Male, so muss ich zu meiner Schande gestehen, wurde ich empfindlich getroffen.

Am Nachmittag hatte ich alle meine Steine geworfen, und ich konnte mehr Nüsse sammeln, als in meinen nun leeren Baumwollsack passten.

Meinen Begleitern war es ebenso ergangen, und so gingen wir gemeinsam zurück in die Stadt.

Dort wollte ich die gesammelten Nüsse meinem freundlichen Gastgeber Taranox schenken. Doch der bedeutete mir, ich solle die schlechten auf dem Markt verkaufen und von diesem Erlöse leben. Die guten Kokosnüsse jedoch sollte ich sicher in einer Kammer seines Hauses verwahren, zu der er mir die Schlüssel reichte.

Ich dankte ihm für seine Güte und Weisheit und tat, wie mir geheißen.

So nutzte ich meine Tage in den Wäldern hinter der Stadt, bewarf mit Kieselsteinen die Affen, welche auf den Kokosbäumen hockten und sah mich vor, dass mich die Affen mit ihren Würfen nicht trafen.

Abend für Abend fuhren wir hinaus in die Bucht, ankerten, aßen, besuchten manchmal befreundete Familien auf ihren Booten oder ankerten in einem großen Rund, um einem Vortrag oder musikalischen Darbietungen beizuwohnen.

Oftmals versuchte ich in Gesprächen das Geheimnis zu ergründen, weshalb denn die Affen nur des Nachts den Menschen gefährlich werden. Doch eine Antwort fand ich nicht.

So lebte ich einige Zeit fleißig und arbeitsam, achtete darauf, dass ich gut handelte auf dem großen Markt, und bei meiner Erfahrung hatte ich auch schnell Erfolg.

So kam ich bald zu Wohlstand und Ansehen in der Stadt, und die Kammer mit den besten aller Kokosnüsse war schon bald gut gefüllt.

Eines Tages, als ich wieder einmal Kieselsteine gegen Affen schleuderte, kam mir der Gedanke, was den Affen des Tags Angst einflößt und sie auf Kokospalmen flüchten lässt, vor dem werden sie sich auch des Nachts fürchten.

Schnell erklärte ich allen Männern, die wie ich unterwegs waren, um Kokosnüsse zu sammeln, meine Idee.

Zwar zweifelten einige von ihnen zunächst, doch schon bald war die Zustimmung größer als die Ablehnung und so folgten alle meinem Plan.

Am Abend sammelten alle Männer Kieselsteine am Strand, so viele sie tragen konnten.

Wie gewohnt fuhren die Boote hinaus in die Bucht, doch an Bord waren Frauen, Kinder und Alte. Alle Männer, die einen Kieselstein werfen konnten, waren in der Stadt geblieben und hatten sich hinter der Brüstung der Mauer versteckt, gerade an jenen Stellen, an welchen die Affen in der Nacht in die Stadt einzudringen pflegten.

Das aufgeregte Flüstern erstarb, als der dunkle Schatten der Nacht über uns gefallen war.

Wir warteten in gespannter Stille.

Doch als die Affen endlich kamen, gab es ein Gejohle und Gebrüll.

Verdutzt hielten sie inne, als sie von einem Hagel aus Kieselsteinen empfangen wurden. Verwirrt und voller Angst taten sie, was sie auch am Tage gewohnt waren zu tun. Sie rannten in heilloser Flucht davon und kletterten auf die ersten Bäume, die sie erreichten. Von dort, vermeintlich in sicherer Höhe, brüllten und keckerten sie uns ihre Wut entgegen und warfen mit Kokosnüssen und abgerissenen Ästen nach uns, die wir siegreich lachend auf der Stadtmauer standen und uns umarmten. Niemals wieder haben die Affen die Stadt in der Nacht heimgesucht.

Mein Ansehen war gewachsen nach diesem Erlebnis und meine Stimme hatte Gewicht im Rat der Stadt. Längst schon sammelten andere für mich die Kokosnüsse und ich hatte mir eine Lagerhalle angemietet im Hafen.

Und nach vielen, vielen Monden wurde meine Hoffnung endlich erfüllt. Im Hafen legte ein großes, fremdes Handelsschiff an. Die Kaufleute darauf wollten Handel mit Kokosnüssen treiben, und so öffnete ich meine Lagerhalle, in welcher nur die besten aller Kokosnüsse lagen, die ich jemals gesammelt hatte, nahm meinen ganzen Besitz, verabschiedete mich von Taranox und all den anderen Freunden, die ich hier gefunden hatte und ging zu dem Kapitän und den Kaufleuten.

Wir vereinbarten schnell einen Preis für Fahrt und Fracht und so schiffte ich mich mit meinem ganzen Besitz an Nüssen und anderen Dingen auf dem Handelsschiff ein.

Wir segelten von Insel zu Insel, von Meer zu Meer, und in jedem Hafen verkaufte ich meine Kokosnüsse oder tauschte sie gegen andere Waren.

Und der Erschaffer des Einen und Allen gab mir mehr zurück, als ich verloren hatte.

Wir kamen zu den Inseln, auf denen Zimt und Pfeffer wächst, und ich tauschte eine Menge davon gegen meine Kokosnüsse ein.

Wir kamen zu Völkern, die sich der Unzucht und dem Weintrinken ergaben und anderen, die in den Tag lebten und sich keine Gedanken über das Leben und den Tod machten, und dort tauschte ich meine Nüsse gegen Geschmeide aus rotem Gold, von deren Kunstfertigkeit man bei anderen Völkern nur träumen kann.

Bei den Inseln der Perlenfischer gab ich Tauchern einige Kokosnüsse, und sie suchten in meinem Auftrag auf dem Grund des Meeres nach Perlen.

Sie holten solche Mengen davon aus der Tiefe, dass sie mich beglückwünschten und mir sagten, ein besonderer Segen würde mit mir sein, denn solche Schätze hätten sie in ihrem Leben noch nicht gefunden.

Ich belohnte sie reichlich für ihre Mühen und weder sie noch ihre Familien mussten sich in ihrem Leben, das lang währen möge und voller Segen bleiben soll, noch einen Tag darum kümmern, genügend zu essen zu haben.

Endlich machten wir, nach langer, glücklicher und segensreicher Fahrt, wieder im Hafen von Basra fest. Ich schloss mich einer großen Karawane an und kehrte schließlich wieder in meine Heimatstadt zurück.

Chacril öffnete mir die Tür schon nach dem ersten Klopfen und begrüßte mich, wie einen verloren geglaubten Sohn. Es war, als hätte er mich erwartet.

Von meinem Gewinn kleidete ich Witwen und Waisen, gab den Schulen und Bibliotheken, verteilte Geschenke und Gaben an Bedürftige und Arme, lud meine Freunde zu mir und lebte, wie es mir gefiel in meinem Anwesen.

Nie wieder, so schwor ich mir, will ich mein Schicksal herausfordern und hinausfahren auf das Meer.

Niemals wieder.

Doch was sind die Vorsätze der Menschen?

Nicht mehr als kleine Tropfen im Meer der Unendlichkeiten.

Alles kam ganz anders, als ich es mir vorgestellt und ausgemalt hatte.

Bagdad, 190 Jahre nach Muhammeds Higra, 812 n.Chr.

Zäh verstrichen die Tage und das Fluchmal wurde unerbittlich größer. Tawaddud berichtete mir, dass es inzwischen bis über die Brust Osiras gewachsen war. Im Frauenhaus, sonst ein Ort bewegten Lebens, lauten Lachens und Singens, war es still geworden. Alle warteten sehnlichst auf eine Nachricht von Sindbad.

An manchen Tagen war ich dreimal und mehr im Taubenschlag, um nachzusehen, ob die Brieftaube nicht doch endlich ihren Weg nach Hause gefunden hatte.

Dann, einige Tage vor dem Weihnachtsfest der Christen, fand ich sie am Morgen, wie sie kopfruckend Körner pickte im Taubenschlag. Mit vor Aufregung zitternden Fingern, öffnete ich das aus dünnstem Kupfer getriebene Röhrchen an ihrem Bein und zog vorsichtig das Seidenpapier heraus.

Ich erkannte Sindbads Handschrift, noch bevor ich ein Wort gelesen hatte.

Und meine Seele breitete froh ihre Flügel aus.

Getreuer Chacril, meine Freunde,
habt Dank für die Nachricht, die ich von euch in Syrakus
erhielt. Beide Tauben, die ihr geschickt habt zur Sicherheit,
kamen im Abstand von nur wenigen Stunden an, so dass ich
nun die Nachricht zweifach, das wunderbare Bild des Horns
einmal in Händen halten kann. Die Dshin ist bereit, die
nötigen Seekarten konnte ich besorgen, einen neuen Magnet-
stein für die Navigation habe ich auch gekauft, so dass wir

noch am heutigen Nachmittag auslaufen können.
Mit der Dshin werde ich schneller an meinem Ziel sein, als
die Taube bei dir in Bagdad. Ich will es zumindest hoffen,
denn bis zum christlichen Neujahrsfest bleibt mir nicht mehr
viel Zeit. Und wie ich dort das Horn erlangen soll, falls ich
überhaupt in seine Nähe komme, das wird mich der Erschaf-
fer des Einen und Allen hoffentlich rechtzeitig wissen lassen.
Osiras Leiden ist zu meinem geworden. Manchmal spüre ich
des Nachts ihr Fluchmal auf meinem Körper lasten.
Ich grüße dich und euch alle.
Mögen eure Herzen Freude und Frieden empfangen und
geben.

Sindbad der Seefahrer

Noch in der selben Stunde schickte ich Boten zu Sindbads Freunden, um ihnen die erfreuliche Nachricht
zukommen zu lassen.
Gemeinsam mit Tawaddud war ich von Johann zur Neu-
jahrsfeier geladen worden. Als wir am frühen Abend zu
ihm kamen, empfingen uns seine sieben Kinder an der
Tür mit einem mir fremden, feierlich vorgetragenen
Lied. Danach reichten sie uns kleines sternförmiges
Rosinengebäck. Über der Eingangstür hingen Misteln
und Palmzweige.
Johanns Frau, eine glutäugige Berberin, kam und begrüßte uns mit offenen Armen. Sie ging uns voraus in
den Wohnraum, wo Johann gerade dabei war, einige
Kerzen zu entzünden.
Zur Feier des Tages hatte Johann sich vom Koch eine
Gans in der Art zubereiten lassen, wie es in seiner Hei-
mat üblich war. Sie war, gefüllt mit Maronen und Apfel-
stücken und unter gleichmäßigem, stundenlangem Dre-

hen, über einem schwach glostenden Feuer knusprig gegart worden.

Während des Essens, die Kinder speisten in einem anderen Raum, unterhielten sich Tawaddud und Nuraia vor allem über die Schwierigkeiten, bestimmte Waren auf Bagdads Bazaren zu bekommen. Die Preise für Fleisch, Gewürze und Getreide hatten sich innerhalb der letzten Woche nahezu verdoppelt. Doch verwunderlich war dies nicht. Die Streitmacht General Tahirs war noch drei oder vier Tagesmärsche von Bagdad entfernt, und die Menschen verhielten sich wie Hamster, in ihrer Sorge um die nächste Zukunft. Die Händler rieben sich die Hände.

Johann erzählte, er habe gehört, der Kalif sei in Wahrheit schon Gefangener im eigenen Palast und al-Fadl ben ar-Rabi, sein Wesir, hätte Tahir Unterhändler entgegen geschickt, die über eine Übergabe der Stadt verhandeln sollten.

Davon war mir nichts bekannt, doch war mir zu Ohren gekommen, dass Rabi ben-Maimonares, der Leiter der Bibliothek im Haus der Weisheit, verhaftet worden sei. Er werde beschuldigt, die geheimen Pläne der Verteidigungsanlagen Bagdads an Tahir weitergegeben zu haben. „Als ob es dessen bedürfte", murmelte Johann bestürzt, denn er kannte den ehrwürdigen Bibliothekar auch schon seit langem. „Tahir wuchs hier in Bagdad auf, ebenso al-Ma'mun. Keinen geheimen Gang, den sie nicht kennen würden, keine versteckte Falle, die ihnen nicht bekannt wäre."

Ich nickte, doch meine Gedanken flogen dabei hin zu einem mir unbekannten Ort namens Ravenna. Würde Sindbad dort tatsächlich Karl, den Frankenkaiser treffen? Und das Horn? Würde er es bekommen?

Johann erzählte mir, wie er einmal in seiner Jugend die Neujahrsnacht in einer großen Kirche erlebt hatte. Er schwärmte mit leuchtenden Augen von den Gesängen und Gebeten, dem Geruch von Weihrauch und den Kerzen. „So ähnlich wird es wohl auch in Ravenna sein, nehme ich an."

Zur Stunde der Mitternacht begannen die Glocken der Christenkirchen zu läuten. Die Kinder kamen zu uns und alle umarmten einander. Johann und Nuraia küssten ihre Kinder, Tawaddud und mich und wünschten uns für das neue Jahr den Segen des Himmels.

„Das neue Jahr der Christen birgt schon zu Beginn den Keim allerlei Veränderung in sich", sagte Tawaddud. „Tahir vor Bagdads Mauern, Sindbad in Ravenna und hoffentlich bald wieder zurück, denn das Fluchmal ist nur noch eine Handspanne von Osiras Nabel entfernt."

„Wenn Karl in Ravenna ist, jetzt zum Neujahrsfest, dann wird Sindbad sicher eine Audienz bei ihm erhalten", sagte Johann. „Schließlich war Sindbad nicht nur Gesandter Harun al-Raschids, sondern auch derjenige des Königs von Sarandib. Er weiß sich zu bewegen im Treibsand der Diplomatie, wo kleine Worte und Gesten darüber entscheiden, ob sich die großen Türen öffnen."

„Wo ist Sarandib?" wollten die Kinder von Johann wissen. „Von diesem Land haben wir noch nie gehört."

„Ihr müsst Chacril bitten, euch die Geschichte zu erzählen", redete sich Johann heraus und lenkte die Aufmerksamkeit der Kinder auf mich. „Er weiß alles von Sindbads Reise nach Sarandib."

„Ja", freute sich Nuraia. „Erfülle den Kindern die Bitte. Ich habe von Johann erfahren, dass du alle Reisen Sindbads erzählen kannst, ohne in den Aufzeichnungen nachzuschauen. Stimmt das wirklich?"

Ich murmelte etwas von „na ja" und „vielleicht stimmt nicht mehr jedes Wort". Doch die begeisterten Rufe der Kinder, die sich Mandelplätzchen und Rosinensterne bereitstellten und sich auf den Kissen niederließen, unterbrachen alle meine auch nicht zu ernst gemeinten Ausflüchte.

Und so erzählte ich in der Neujahrsnacht Johanns Kindern von der Reise Sindbads nach Sarandib und hoffte im Stillen, dass Sindbad zur selben Zeit in Ravenna war und Karl, den Kaiser der Franken dort traf.

SINDBADS SECHSTE REISE

Mir ging es gut in meiner Heimatstadt und es mangelte mir an nichts. Für das Haus der Weisheit hatte ich einige Schriftrollen in den fremden Ländern erworben, die nun übersetzt wurden, und meinen Harem hatte ich durch einige exotische Schönheiten bereichert, die gerne mit mir nach Bagdad gekommen waren.

Mein Handelshaus wuchs. Ich schickte Karawanen in alle Herren Länder und trieb gewinnbringenden Handel. Stets gab ich mehr als den zehnten Teil meines Einkommens an Armenhäuser, Witwen und Waisen.

Ich ließ Schulen errichten und achtete darauf, dass jeder in meinem Hause des Lesens und Schreibens kundig war, auch der einfachste Küchensklave.

Doch eines Tages hatte ich eine Gruppe von Kaufleuten zu Gast in meinem Hause, die weit über den Rand der bekannten Welt hinaus nach Osten gesegelt waren. In froher Runde erzählten sie mir von ihrer letzten Reise, den fremden Völkern, den andersartigen Sitten und Gebräuchen, den unerforschten Inseln und Küsten.

Ich fühlte, dass ich in Erinnerungen versank, wie in einem dunkelblauen, blutwarmen Meer. Mein Herz wurde schwer, und ich musste leise seufzen, als ich die vom Salzwind durchfurchten Gesichter der Kaufleute sah. Ich war träge geworden mit der Zeit, schwerfällig und bequem. Zu sehr verwöhnte mich mein Koch mit ausgesuchten Köstlichkeiten, um so oft wie möglich meinem Gaumen zu schmeicheln. Zuvorkommend wurde mir alles abgenommen, vom Augenblick meines Erwachens, bis ich spät in der Nacht auf den Schwingen des Schlafes davonflog in ein unbekanntes, dunkles Land.

Wann war ich zum letzten Male ausgeritten, wann mit meinen Falken auf der Jagd gewesen? Selbst zu Theateraufführungen ging ich nicht mehr. Wenn es mich nach etwas gelüstete, ließ ich es mir kommen. Hatte ich nicht Geld und Gut, Angestellte, Bedienstete, Knechte, Mägde und Sklaven im Überfluss? Hatte ich nicht genug Schrecken erlebt, um für alle Zeit davon geheilt zu sein, jemals wieder auch nur daran zu denken, abermals hinauszuziehen durch die Wüste, hin zum Meer oder gar darüber hinaus?

Nur wenn die wenigen treuen, alten Freunde oder der Kalif von Bagdad, Harun al-Raschid, sein Name sei gepriesen für alle Zeiten, mich zu sich luden, verließ ich meine Besitzungen. Nur noch ihre Gesellschaft war mir lieb und teuer, und die der mannigfaltigen Gäste aus fremden Ländern auch.

Derbe Scherze erzählten die Kaufleute nun unter brüllendem Lachen. Ich wusste, dass sie mit diesem Lachen auch all die Schrecken bekämpften, die sie erlebt hatten auf ihren Reisen, in fast hoffnungslosen Stürmen, bei feindlichen Völkern, mit schrecklichen Ungeheuern, mit Hunger, Durst, Einsamkeit und Tod.

Ich hörte sie lachen und sah in ihre funkelnden Augen.

„Wer nicht fortgeht, kann niemals heimkommen!" hörte ich eine Stimme in mir flüstern.

Und mit einem Male hatte ich all die Schrecken der vergangenen fünf Reisen vergessen und erinnerte mich an jenen Augenblick, als ich das erste Mal wieder mein Haus betreten konnte nach einer langen Reise, in meinem Bett lag und meine Decke über mich breiten konnte, die vertrauten, lange vermissten Geräusche hörte und die Düfte der Küche und meines Gartens wieder roch. In diesem Augenblick, der zwischen Sehnen und Wissen, zwischen Verlangen und Bequemlichkeit, zwischen Erwartung und Angst schwebte und zitterte wie ein frisch geschlüpfter Schmetterling über einer prallvollen Blüte, stand mein Entschluss unwiderruflich fest.

Am nächsten Tag beauftragte ich den leise lächelnden Chacril, kostbare Waren für eine große Handelsreise auszuwählen und zusammenzupacken.

Ich verabschiedete mich von meinen Freunden in langen Nächten, in denen wir redeten, lachten und uns umarmten, manchmal mit Tränen in den Augen. Denn inzwischen waren wir alle alt genug zu wissen, dass nur der Erschaffer des Einen und Allen wusste, ob wir uns jemals wieder umarmen würden. Die Jüngsten waren wir allesamt schon lange nicht mehr, und schon seit einigen Jahren hatten die silbergrauen Spuren unserer Fährnisse und Freuden ihre bewegten Bilder in unser einstmals dunkles und volles Haar gezeichnet. Obwohl die Sehnsucht in mir ein loderndes Feuer entfacht hatte, ließ ich mir Zeit und überstürzte nichts. Mit Bedacht rüstete ich eine große Karawane aus und reiste mit ihr durch die Wüste nach Basra.

Mein erster Weg führte mich dort in den Hafen zu den Schiffen, zum Salzgeruch des Meeres, zu den Schauerleuten und in die von trüben Tranlampen erleuchteten, rauchigen und lauten Spelunken der Seefahrer. Zwar wurde ich wegen meiner feinen Kleidung manches Mal scheel angesehen, doch es tat mir gut, billigen Wein zu trinken und still den Gesprächen der Seefahrer zu lauschen. Hatte ich nicht dies auch schon lange vermisst? Ich saß und dachte darüber nach, ob das Gefühl, das mein Herz gerade wärmte, nicht jenes sein könnte, das ich noch in Bagdad mit dem Wort Heimkommen beschrieben hätte?

War dies hier nicht auch ein Heimkommen für mich?

Für mich, Sindbad, den Seefahrer?

Aber wer war ich dann, wenn ich nach langer Fahrt zum ersten Mal wieder die bunten Zinnen und goldenen Minarette von Bagdad in der Sonne blitzen sah?

Ich fand keine Antwort auf diese Frage in dieser Nacht, in der ich mich treiben ließ von den Verlockungen der Weite, von Gesprächsfetzen, von Kaschemme zu Spelunke, von den Piers hin zu den Märkten, in denen Tag und Nacht gehandelt, gefeilscht und erzählt wurde. Irgendwann ertappte ich mich dabei, dass ich in der Mitte eines großen Kreises von Zuhörern saß und erzählte. Ich bezahlte für alle, die in der billigen Hafenkneipe gegessen und getrunken hatten und ging zu meiner Unterkunft. Nicht mehr ganz sicheren Schrittes, aber frohen Mutes.

Am nächsten Morgen war ich einer der ersten in einem Kaffeehaus, in welchem sich die vornehmen Kaufleute zu treffen pflegten. Mit großer Sorgfalt hatte ich mich gekleidet. Nach vielen heißen und schwarzen Kaffees und schweren und süßlichen Wasserpfeifen, war ich schließlich bekannt mit einigen wohlhabenden und erfahrenen Kaufleuten, die wie ich ein Schiff suchten, um es auszurüsten und damit über die Meere zu fahren.

Am Nachmittag schlenderten wir gemeinsam durch den Hafen und die Werften. Und beim abendlichen Mahl hatten wir unser Urteil gefällt. Wir kauften ein stolzes Schiff und rüsteten es für eine lange Reise.

Der Kapitän war wohl der erfahrenste, mit dem ich jemals die Meere befahren habe und auch seine Mannschaft hatte sich schon mit den Wassern aller bekannten Meere gewaschen. Wind und Wellen waren mit uns, und so segelten wir von Hafen zu Hafen, von Insel zu Insel, von Meer zu Meer, trieben Handel mit großem Gewinn, waren zu Gast bei fremden Völkern, lernten andere Sitten und Gebräuche kennen, und die wohlmeinende Sonne des Schicksals schien unentwegt für uns zu leuchten.

Doch eines Tages begann sich der Horizont zu verfinstern. Dunkle Wolkenberge türmten sich in unendliche Höhen, Blitze zuckten und der Donner krachte, dass es uns in den Ohren schmerzte. Ein bösartiger Sturm zog auf und peinigte uns mit seiner peitschenden und heulenden Macht.

Sieben Tage und sieben gischtdurchtobte Nächte hielt er uns in seiner Gewalt, und es war auch am Tage so dunkel wie in der finstersten Nacht. Weder sahen wir die Sonne noch irgendein anderes Gestirn. So kam es, dass der Kapitän nicht mehr sagen konnte, wo wir uns befanden, als der Sturm weiterzog mit brausendem Fauchen, um sich in anderen Meeren auszutoben. Denn ohne die Gestirne sind auch die besten Seekarten zu nichts mehr zu gebrauchen.

Als es ein wenig aufklarte und die Sicht besser wurde, kletterte der Kapitän selbst den Mast empor, um von dort einen weiten Ausblick zu haben. Das aufgewühlte Meer spie Gischt und Wasser, und viele der Kaufleute hatten schon seit Tagen nichts mehr gegessen, und ihr Gesicht war grün wie das eines Quellgeistes. Als der Kapitän auf dem Ausguck stand und lange durch sein Fernrohr geschaut hatte, raufte er sich die Haare und brach in heftiges Wehklagen aus.

„Der Erschaffer des Einen und Allen stehe uns bei!" brüllte er und stieg hastig vom Ausguck herab. Er stemmte sich mit aller Kraft in das Ruder, doch dieses gehorchte nicht mehr seinem Willen. Ich stand neben ihm, und selbst als auch ich noch drückte und ein dritter, konnten wir das Ruder nicht bewegen.

„Was ist es, was uns in seiner Macht hält?" schrie ich gegen die tosenden Stimmen des Meeres.

„Das Schicksal hat uns an einen Ort getrieben, von dem wir nicht mehr entkommen können." Der abziehende Sturm riss dem Kapitän die Worte aus dem Mund, so dass ich Mühe hatte, ihn zu verstehen. „In dieser Insel steckt ein riesiger magnetischer Kern aus Eisen. Wir werden darauf zugezogen und wie so viele andere Schiffe vor uns an den Riffen zerschellen!"

Aufgeregt bellte er dann Befehle. Doch was die Seeleute auch versuchten, wie sehr sie sich auch mühten, es half nichts mehr. Eine mächtige Strömung hatte uns erfasst. Unser starkes Schiff drehte sich dreimal im Kreise, dann trieben wir rückwärts auf die steil aufragenden, schroffen Klippen einer schäumenden Küste zu. Der stürmische Wind füllte unsere Segel nun von vorne. So trieben und segelten wir rückwärts und konnten nichts mehr unternehmen, als uns so gut es ging festzuhalten, denn mit vor Schrecken geweiteten Augen konnten wir erkennen, was auf uns zukam. Mit lautem Splittern barst unser Ruder an einem schwarz schimmernden Felsen und gleich darauf wurde unser Heck zerstört. Das Meer riss uns allesamt, Matrose oder Diener, Sklave oder Koch, Kapitän oder Kaufmann, hinunter in die schäumende Tiefe.

Ich weiß nicht, wie es geschah, dass ich mich wieder am sicheren, festen Land fand. Mit einigen anderen Überlebenden zog ich mich mit letzter Kraft die scharfkantigen Riffe hinauf und kauerte mich schließlich in eine Kuhle, in der sich mein keuchender, kurzer Atem beruhigen konnte. Als ich mich umblickte, sah ich an der Küste unzählige Wracks von großen und kleinen Schiffen, die hier zerschellt und gestrandet waren. Wo mein Auge auch Ruhe fand in diesem Wirrwarr von Schiffsteilen, sah ich unermessliche Schätze blinken. Gold und Silber, Juwelen und Perlen, Edelsteine und Dufthölzer, Fässer mit Ölen und Essenzen.

Niemals zuvor, nicht einmal in der Schatzkammer des Kalifen von Bagdad, hatte ich solche Schätze gesehen.

Einigen meiner Begleiter allerdings verwirrte dieser unbeschreibliche Reichtum, den sie da plötzlich vor sich ausgebreitet sahen, die Sinne. Sie wühlten in den Schätzen, ohne zu bedenken, dass sie Schiffbrüchige waren, die noch nicht wußten, ob sie zu essen oder zu trinken finden würden an dieser Küste. Ich wandte mich von ihnen ab und ging den Strand hinauf, um auf der Insel Süßwasser und essbare Früchte zu suchen.

Nicht zum ersten Mal war ich als Schiffbrüchiger an unbekanntem Gestade gestrandet. Mochten alle anderen auch nach den Reichtümern gieren, die dort am schroffen Riff der Küste verstreut lagen, ich wusste, was wir schon bald nötig brauchen würden.

Ich musste lange gehen. Selten hatte ich solch ein karges, karstiges Land gesehen.

Endlich fand ich in einem breiten Tal, zwischen schroff aufsteigenden Felswänden, einen schnell dahin strömenden Fluss, dessen Wasser kühl und süß war.

Wie ein Tier lag ich auf dem Bauch und trank, bis ich keinen Schluck mehr in mich hineinbrachte. Als ich mich wieder aufrichtete, entdeckte ich auf dem Grund des Flusses Edelsteine ohne Zahl. Smaragde, Rubine, Lapislazuli und Diamanten lagen im Bett des Wassers, wie andernorts gewöhnliche Kiesel. In dem Tal selbst wuchsen die kostbarsten Aloebäume, die ich je gesehen hatte. Viel kostbarer waren sie und wertvoller, als die chinesischen oder die aus Komarin.

Der Fluss, aus dem ich getrunken hatte, verschwand in einem dunklen Schlund, aus dem heraus es rauschte und gurgelte, unter der steil aufragenden Gebirgswand.

Bei meinen Erkundungen auf diesem ungastlichen Eiland entdeckte ich auch eine Quelle, aus der zu meinem Erstaunen roher Amber quoll. Diesen kostbaren Duftstoff kann man sonst nur Erringen, wenn man seine Kraft und Geschicklichkeit mit den größten Walfischen zu messen bereit ist.

Und oft siegt bei diesem Kampf der gewaltige Fisch.

Es roch an der Quelle nach allerfeinstem Moschus. Ich eilte davon, bevor mich der betörende Duft in seinem Bann gefangen halten konnte.

Es war schon gegen Abend, das Meer toste immer noch und ein kalter, klammer Wind pfiff mir um die Ohren.

Ich war wieder an den Strand zurückgegangen. Dort versammelten sich noch vor Einbruch der Dunkelheit alle Schiffbrüchigen, manche davon beladen mit Schmuck und Geld und Kostbarkeiten, doch mit durstigem Blick und knurrendem Magen.

Gegenseitig begannen wir, uns unsere Not zu klagen. Keiner von uns hatte Früchte entdeckt oder Beeren oder essbare Wurzeln, keiner hatte ein Tier oder auch nur die Spur davon gesehen. Es gab also nichts, was wir hätten jagen und verzehren können.

Am nächsten Morgen fanden wir zu unserem Glück am Strand einiges, was noch zum Essen taugte, angespült zwischen all den Schätzen und Reichtümern, die dort lagen.

Wir suchten zusammen, was wir finden konnten und verwahrten es gut.

Nur einmal am Tag, später sogar nur alle zwei Tage, aßen wir ein wenig davon, und schon bald war der Hunger ständiger Gast in unseren Bäuchen. Außerdem quälte uns alle ein Fieber, das uns auszehrte und Mann um Mann ins Reich ohne Wiederkehr schickte.

Wenn einer von uns starb, wuschen wir ihn, kleideten den Leichnam in Linnen, welches wir im Strandgut fanden, und begruben ihn, wie es die Sitte erfordert und guter Brauch ist.

So starben nach und nach alle meine Gefährten, und schließlich war ich es, der den letzten wusch, ihn kleidete für seine weite Reise und das Grab über ihm schloss.

Nun war ich allein auf dieser kargen, von kalten Winden und stürmischer See umschlossenen Insel.

Wer weiß wo, inmitten eines unbekannten Meeres, jenseits des bekannten Erdenkreises.

In meiner Verzweiflung wurde ich zornig und begann mit meinem Leben und Schicksal zu hadern.

Hatte es mich nicht auf jeder Reise an den Abgrund des Todes geführt?

Warum nur war ich nicht früher umgekommen?

Nun war niemand mehr da, der mich waschen und kleiden würde, wenn denn meine Zeit endlich einmal käme. Und dass dies nicht mehr allzulange dauern würde, dessen war ich mir sicher.

Hatte ich nicht alles gehabt, was sich ein Mensch wünschen kann?

Niemals hätte ich all den Reichtum, den ich mir angesammelt habe auf den langen Reisen, aufbrauchen können. Warum nur, war ich nochmals hinausgefahren? Hatte ich nicht schon durch diesen Entschluss den Erschaffer des Einen und Allen herausgefordert? Ich bereute mein Leben, schalt mich selbst einen Narren und überheblichen Mann, der sein Leben nicht imstande ist zu leben und deshalb zum Sterben verurteilt wurde.

Ich grub mir eine tiefe Grube am Strand und dachte, da hinein will ich mich legen, wenn ich spüre, dass nun ein anderer mich bei der Hand nimmt und mit sich führt. Der Wind und die Wellen werden die Grube mit Sand füllen und so werde auch ich ein Grab bekommen, welches meinen sterblichen Körper umschließt.

Als ich mich eines Tages wieder einmal hungrig zu jenem Fluss schleppte, dessen Bett mit Edelsteinen gefüllt war, um meinen Durst zu löschen und den kleinen Wasserbeutel zu füllen, sah ich der Strömung nach. Dort drüben, kaum zweihundert Schritte entfernt, verschwand der Fluss in einer dunklen Höhle unter der Felswand.

„Dieser Fluss muss ein Ziel haben", sagte ich mir. „Vielleicht fließt er unter dem Gebirge hindurch, irgendwohin, wo Menschen ein Zuhause haben und leben."

So beschloss ich, mit der letzten Kraft, die mir verblieben war, ein kleines Floß zu fertigen, um damit dem Lauf des Flusses zu folgen.

„Wenn ich unterwegs nicht weiterkomme, so finde ich mein Ende dort. Bleibe ich länger hier, werde ich mich morgen Abend in die Grube legen und nie mehr daraus emporsteigen", redete ich mir gut zu, als ich nach Tauen am Strand suchte, um einige Planken, welche ich bereits herbeigeschafft hatte, zu einem Floß zusammenzubinden. An den Seiten meines notdürftigen Gefährts befestigte ich zwei Hölzer, mit denen ich hoffte, meine Fahrt im reißenden Fluss, ein wenig steuern zu können.

Als ich mein Werk beendet hatte, band ich das Floß an einem verkrüppelten Baum am Ufer fest, tauchte nochmals in den Fluss und steckte mir die Taschen voll mit den kostbarsten Edelsteinen, die ich darin greifen konnte. Und noch während dieser Tätigkeit erinnerte ich mich an ein Gedicht, das mich einst ein Lehrer auswendig zu lernen zwang, obwohl ich es nicht wollte. Seltsam, dass es mir jetzt in den Sinn kam.

> „Geh fort von einem Orte,
>   da dir vor Unheil graut,
> Und lass das Haus beklagen den,
>   der es selbst erbaut!
> Du findest eine Stätte
>   an einem anderen Platz;
> Doch für dein Leben findest
>   du nimmermehr Ersatz.
> Drum fürchte nicht das Grausen
>   der schicksalsschweren Nacht!
> Dem Unheil, wird auf Erden
>   ein Ende stets gemacht.
> Und wem an einer Stätte
>   bestimmt ist zu verderben,
> Der wird an keiner Stätte,
>   als eben dieser sterben.
> Auch sende keinen Boten
>   in großen, schweren Dingen:
> Den rechten Rat wird immer
>   die eigene Seele bringen!"

erinnerte ich mich Wort für Wort und bat den alten Lehrer dabei in meinem Herzen um Verzeihung.

Dann legte ich meine Seele in die Hände des Erschaffers des Einen und Allen, mich selbst auf mein Floß, band es los und stieß mich mit einem kräftigen Stoß vom Ufer ab. Schnell musste ich erkennen, dass meine Ruder zu klein waren, um in der immer schäumender werdenden Strömung steuern zu können. So legte ich mich so flach wie möglich auf die zusammengebundenen Planken, hielt mich an den Tauenden fest und überließ mich der Kraft des Flusses. Der packte mich und spielte mit mir wie eine junge Katze mit einem Knäuel Wolle. Er ließ mich im Kreise tanzen in seinen Wirbeln, drückte mich unter Wasser in den Stromschnellen und hielt mich knirschend zurück, wenn rundgewaschene Felsen seinen schnellen Lauf aufhielten. Als ich durch die Höhlenöffnung unter dem Gebirge trieb, wurde es dunkler als in der dunkelsten Nacht. Und ich konnte nichts mehr tun, als auf etwas zu vertrauen, was ich nicht verstehen konnte, geschweige denn beeinflussen.

Manchmal streifte ich an den Felsen über mir, wenn das Wasser sich seinen Weg durch enge Gänge suchte, manches Mal stürzte ich klaftertief hinab, wenn es über einen Vorsprung fiel. Einige Male verklemmte sich mein kleines Floß zwischen den Felsvorsprüngen, und ich hatte Mühe, es wieder frei zu bekommen.

Was, so fragte ich mich, wird sein, wenn der Weg, den das Wasser für sich gefunden hat, für mich zu eng wird? Wenn mein Floß zu sperrig ist für diesen Weg, wenn ich nicht mehr weiterkomme?

Gegen diese Strömung anzugehen und zurückzukehren, das wusste ich, war mir nicht mehr möglich.

Entweder dieser Fluss würde mich zu einem neuen Leben bringen, oder ich würde hier auf meinem kleinen Floß sterben.

Aber wenn ich nichts getan hätte, läge ich jetzt vielleicht schon in der tiefen Grube, die ich mir am Strand, neben all meinen toten Gefährten, geschaufelt hatte. Meine Gedanken wurden leicht, und ich spürte, wie sich eine Müdigkeit auf mich legte, deren heilender Kraft ich mich gerne hingab. Nichts mehr gab es für mich noch zu ändern. Es würde kommen, wie es vorherbestimmt war seit Anbeginn der Zeiten.

Obwohl es um mich toste und rauschte, obwohl kaltes Wasser mich übersprühte und mein Floß manch harten Stoß bekam, legte ich mich auf den Rücken und schloss die Augen.

Ich würde auf meinem Floß dorthin kommen, wohin ich nun zu gehen hatte.

Und sei es, dass es mein letzter Weg sein würde, auf dem ich mich eben befand. Als ich dies dachte, wurde das Rauschen des Flusses zu Musik, und die Stöße der Felsen gegen mein Floß zu den Trommeln, die den Rhythmus dazu schlugen.

Ich muss wohl eingeschlafen sein.

Wie lange? Wer könnte das sagen, so ausgezehrt und erschöpft wie ich war.

Ich erwachte durch die Wärme der Sonne, die meine nackte Haut liebkosend wärmte. Mein Floß lag sicher festgebunden am Ufer. Als ich mich verwirrt aufrichtete, sah ich eine Menge dunkelhäutiger Menschen, die sich am Ufer versammelt hatten und mich alle mit schweigender Aufmerksamkeit betrachteten.

Mit letzter Kraft und voller Furcht richtete ich mich auf und entbot ihnen meinen Gruß. Doch ich sank zurück, als alle auf mich einredeten und mir, durchaus freundlich, etwas sagten, was ich nicht verstand. Sie stellen mir Fragen und warteten auf Antworten. Doch wer schon kann Antworten geben auf Fragen, deren Sinn er nicht versteht?

Endlich trat ein alter Mann hervor. Sein langer, weißer Bart war sorgfältig gekämmt und in seinem sonnenzerfurchten Gesicht lachten verständige Augen. Er sprach mich in einer Sprache an, die ich verstand.

„Wo kommst du her, Fremder?" wollte er wissen. „Noch nie kam jemand auf dem Fluss, der durch das Gebirge der Läuterung führt. Wir haben dein Floß hier angebunden, damit du in Ruhe erwachen konntest."

„Gib mir zu essen, mein Freund, denn sonst sterbe ich", brachte ich mit brüchiger Stimme über meine geschundenen Lippen. „Später werde ich dir Antwort geben, auf alle Fragen, die du mir stellt."

Der Alte gab einige Anweisungen und wenige Augenblicke später, wurde mir Essen und Trinken gereicht. Ich aß mich langsam und ohne Eile satt und genoss jeden Bissen. Zum ersten Mal seit vielen Monden war mein Bauch zufrieden, und ich fühlte mich gestärkt und erfrischt.

Ich erzählte dem Alten meine Geschichte, und er übersetzte sie den staunenden Menschen, die sich um mein Floß versammelt hatten. Als ich geendet hatte, rief er: „Komm mit uns, wir wollen dich zu unserem König bringen. Er wird begierig sein, dich kennenzulernen und deine Geschichte zu hören."

Sie nahmen mein Floß, mit allem was darauf lag, auf die Schultern, geleiteten mich in eine Stadt hinter den Hügeln und dort zu einem Palast aus weißem Marmor.

Der König begrüßte mich freundlich und lud mich ein, zu seiner Rechten Platz zu nehmen. Als er mit Staunen meiner Geschichte zugehört hatte, beglückwünschte er mich zu meiner Rettung. Er kleidete mich in Samt und Seide und ließ mir alle Annehmlichkeiten zukommen, die ich lange vermisst hatte.

Zum Dank öffnete ich meine Bündel und schenkte ihm kostbare Edelsteine, makellose Königsperlen, Juwelen und vielerlei anderes, von dem, was ich gesammelt hatte, jenseits des Gebirges.

Dem König war ich schon bald wie ein lange vermisster Freund. Ich wohnte bei ihm im Palast und alle Vornehmen behandelten mich, wie ihresgleichen. Abends saßen wir oft mit Gästen aus fremden Ländern zusammen. Ich erzählte von meinen Erlebnisse und meiner Heimat, und sie berichteten von dem, was ihnen widerfahren war und wie sie lebten in ihren Ländern.

Viel Fremdes erfuhr ich, und ich bekam Kunde von allerlei Geheimnisvollem und Verborgenem.

Eines Abends rief der König mich zu sich. Nachdem wir ausgesuchte Speisen zu uns genommen hatten und einen köstlichen Wein, winkte er mit der Hand. Die Tänzerinnen verneigten sich und verließen mit den Musikanten den Raum. Wir waren allein.

„Mein Freund", begann er schließlich und hob seinen Weinpokal prüfend gegen das Licht der Öllampe. „Ich möchte dich bitten, eine Aufgabe für mich zu übernehmen, die sicherlich auch dein Herz erfreut."

Er kostete mit geschlossenen Augen von dem Wein und ließ zufrieden seine Zunge am Gaumen schnalzen. „Ich bitte dich, in meinem Auftrag in deine Heimat zu reisen. Deine Erzählungen haben in mir das Bedürfnis geweckt, dem Kalifen von Bagdad ein Geschenk zu senden und ihn zu bitten, meine Freundschaft anzunehmen. Gehe du und sei mein Bote."

„Ich höre und gehorche", antwortete ich nach einigen erstaunten Augenblicken, und die Freude lachte mir aus den Augen.

Bis die Sonne wieder emporstieg saßen wir zusammen, erfreuten uns an unseren Gesprächen, den zurückgekehrten Musikanten und den grazilen, verwirrenden Bewegungen der Tänzerinnen, die schmeichelnd unsere Sinne umschwirrten, wie Nachtfalter helles Licht.

Darauf gab der König von Sarandib mir einen versiegelten Brief. Dazu sagte er: „Übergib diesen Brief mit meinen Geschenken dem Kalifen von Bagdad, Harun al-Raschid. Erzähle ihm von mir und meinem Reich und überbringe ihm meine Grüße!"

„Ich höre und gehorche!" gab ich zur Antwort.

„Ich will dir sagen, was ich dem Kalifen schrieb, damit du ihm meine Botschaft auch ausrichten kannst, falls dir der Brief durch die Fährnisse der weiten Reise abhanden kommen sollte."

Ich nickte stumm, und der König begann: „Dich grüßt der König von Sarandib, vor dem tausend Elefanten stehen und auf dessen Schlosses Zinnen tausend Edelsteine schimmern. Wir senden dir eine kleine Gabe. Nimm sie von uns hin! Was mir Sindbad der Seefahrer von dir erzählte, hat in meinem Herzen die Sehnsucht entfacht, dich als einen Bruder zu sehen. Lass dir Bericht geben von Sindbad und entscheide auch du nach dem, was dein Herz dir sagt. Ich warte auf deine Antwort. Das Geschenk entspricht zwar nicht deiner Würde; doch ich bitte dich, nimm es huldvoll an, wie von einem Bruder. Friede sei mit Dir!"

Dann zeigte mir der König von Sarandib die Geschenke, welche er mir mitgeben wollte für Harun al-Raschid, den Kalifen von Bagdad. Das war unter vielem anderen ein Becher aus Rubinen, der eine Spanne hoch und dessen Inneres mit kostbaren Perlen besetzt war. Ferner eine Decke aus der Haut der Schlange, die einen Elefanten verschlingen kann. Diese hatte dunkle Flecken, die bewirken, dass jeder, der darauf sitzt, niemals krank wird. Dann noch einige hundert Quäntchen indischen Aloeholzes, und einige Sklavinnen, deren Schönheit nur mit dem leuchtenden Mond verglichen werden konnte.

Schon wenige Tage später ergab es sich, dass ein großes Handelsschiff im Hafen festmachte. Ich erfuhr, dass die Kaufleute auf dem Weg nach Basra waren, und so fragte ich nach, ob sie noch Platz für einen Passagier hätten.

Als der Kapitän erfuhr, dass ich ein Gesandter des Königs war, räumte er seine eigene Kajüte frei und teilte sich die Kammer mit dem Steuermann. Reichlich wurde er belohnt vom König dafür und reichlich gab dieser mir aus seiner scheinbar unerschöpflichen Schatzkammer. Dann ließ er die Geschenke für den Kalifen von Bagdad auf das Schiff bringen, und ich versprach, sie Harun al-Raschid persönlich mit dem Brief zu übergeben.

„Immer wirst du hier willkommen sein", sagte der König, als er mich umarmte, bevor ich die Planken bestieg, die mich auf das Handelsschiff führten.

Die Winde waren mit uns und auch die Wellen. Wir segelten von Insel zu Insel, von Meer zu Meer, und nach wenigen Monden ließ der Kapitän den Anker im Hafen von Basra fallen. Ich ging an Land, fiel auf die Knie und dankte dem Erschaffer des Einen und Allen für seine Gnade und seine unerschöpfliche Weisheit.

Ich rüstete eine Karawane aus und ohne große Umstände und Gefahren kamen wir schließlich nach Bagdad, dem Hort des Friedens. Dort lenkte ich meine Schritte in das Stadtviertel, in welchem ich meine Besitztümer hatte. Vieles hatte sich verändert in der langen Zeit meiner Abwesenheit. Aber der Türhüter an meinem Haus war noch derselbe, er erkannte mich, rief mit durchdringender Stimme in das Haus, das plötzlich zu summendem Leben erwachte und begrüßte mich mit Freude in den Augen auf das höflichste. Ich wandelte durch meine Gemächer und Häuser, besah mir meinen Garten mit dem Brunnen darin und ließ mir von der Küche kommen, wonach mein Herz begehrte. Ich atmete den Duft meiner Heimat und fühlte mich zuhause. Drei Tage und Nächte genoss ich dieses einzigartige Gefühl und lud niemanden ein, noch war ich für jemanden zu sprechen, außer für Chacril, den Koch und meine Lieblingsfrauen, die ich über so lange Zeit vermisst hatte.

Nie mehr, so schwor ich mir, nie mehr werde ich mein Zuhause verlassen. Hier finde ich alles, was ich brauche. Hier habe ich alles, was ich will! Hier geht es mir gut! Nie mehr werde ich eine Handelsreise unternehmen! Nie mehr!

Darauf nahm ich den versiegelten Brief und die Geschenke des Königs von Sarandib, dazu eine Gabe von mir selbst für Harun al-Raschid, den Kalifen, und ließ mich bei ihm melden. Als ich vor ihm stand, küsste ich seine Hand und überreichte ihm, was mir der König von Sarandib gegeben hatte. Ich berichtete ihm von all den Wundern, die ich gesehen hatte im Reich Sarandib. Nachdenklich stimmte ihn, als ich ihm erzählte, wie es ist, wenn der König dort ausreitet: Tausend in Gold gerüstete Ritter begleiten ihn dabei. Er reitet auf einem turmhohen Elefanten, dessen Stoßzähne vergoldet sind und dessen Sattel aus einem reinen Diamanten besteht. Boten und Sänger, die von den Heldentaten des Königs berichten und singen, gehen vor ihm her. Neben und hinter ihm jedoch läuft ein einsamer Narr, der den König auf seinem Elefanten umtanzt und dabei immer und immer wieder ruft: „Auch du wirst sterben! Auch du wirst vergehen! Auch dich fordert die Erde zurück!"

Dann berichtete ich dem Kalifen davon, dass es in den Stätten und im Reich des Königs aus Sarandib keine Richter und Ankläger, keine Polizei und keine Spitzel gäbe, denn dort wüssten alle, was Gut und Böse ist und keiner würde sich darüber hinwegsetzen.

Harun al-Raschid war darüber über alle Maßen erstaunt und rief: „Dieser König ist weise und Weisheit ist eine alles überwindende Macht. Gerne will ich ihn zum Freund und Bruder haben!"

Er dankte mir für meine Dienste, beschenkte mich reich, entließ mich mit ausgesuchter Höflichkeit und versicherte mir seine Freundschaft.

Nun war allgemein bekannt, dass ich wieder nach Bagdad zurückgekehrt war. Viele Boten mit Nachrichten für mich kamen in den nächsten Tagen, die sich alle für wichtig und vordringlich hielten. Doch ich lud als erstes meine Freunde zu mir und war froh, dass alle gesund und frohen Mutes vor mir standen an dem Abend, an dem wir dann tafelten, bis uns die Bäuche spannten und uns erzählten, bis wir keine Geschichten mehr wussten.

Wieder bei Freunden sein, dachte ich bei mir, ist es das, was das Zurückkommen so unvergleichlich schön macht?

Ich gab reichlich für Witwen und Waisen, Schulen und Bibliotheken, unterstützte Forscher und Dichter. Mein Reichtum war größer, als er jemals zuvor gewesen war, denn das was ich mitgebracht hatte von Sarandib, die Geschenke des Königs und mein umsichtiger und kluger Verwalter Chacril, hatten mein Vermögen gemehrt und vervielfacht.

„Bleib du hier, Emanuel", bat er seinen ältesten Sohn, der wohl an die sechzehn Jahre zählte. „Ich brauche dich noch."

Als Tawaddud und ich uns verabschiedeten, befahl Johann seinem Sohn und einem bewaffneten Sklaven, uns zu begleiten.

„Aber es ist doch kaum eine viertel Meile zu gehen", versuchte ich diese Vorsichtsmaßnahme abzuwiegeln.

„Bagdads Straßen sind nicht mehr sicher", entgegnete Johann bestimmt. „Weder bei Tag noch in der Nacht. Ich bin beruhigter, wenn ich weiß, dass meine Gäste auch gut wieder in ihr Haus zurückgekommen sind."

Der Himmel war klar in dieser Nacht, und der abnehmende Mond erhellte die Straßen Bagdads nur spärlich. Zwar drückten sich einige dunkle Gestalten in Seitengassen herum, doch wir kamen ohne behelligt zu werden, nach Hause. Am gegenüberliegenden Ufer des Tigris allerdings sahen wir die Feuer auf Plätzen und an den Kreuzungen der breiten Straßen höher brennen als üblich. Wie lange würde es noch dauern, bis diese Feuer so hoch loderten, dass die Häuser Bagdads davon erfasst würden?

Zwei Tage später war die Aufregung in Bagdad groß. Mehrere Hundertschaften berittener Soldaten aus General Tahirs Streitkräften standen vor dem Stadttor und baten um Frieden und Einlass. Sie seien desertiert, weil sie al-Amin, den wahren Kalifen, unterstützen wollen in seinem Kampf gegen al-Ma'mun und dessen Heer. Doch der Graue, der im Namen des Kalifen mit den Anführern dieser Reiter verhandelte, glaubte ihnen nicht. Er erinnerte sich an die List des Odysseus in Homers bekanntem Werk und befahl, die Tore geschlossen zu halten, denn am Horizont kündete eine gewaltige Staubwolke vom Herannahen der feindlichen Streitkräfte.

Der Graue hatte sich geirrt. Als General Tahir mit seinem Heer am nächsten Morgen die Mauern Bagdads erreichte, machte er mit den Deserteuren, die sich ihm ergeben wollten und um Gnade flehten, kurzen Prozess. Vor der versammelten Streitmacht ließ er sie alle enthaupten und die blutenden Köpfe, über die Mauern hinweg, hinein nach Bagdad schleudern.

Tahir schlug vor dem südlichen Stadttor Bagdads, dem al-Anbar-Tor, sein Hauptlager auf, denn dort konnte er sich am besten mit dem Wasser des Tigris versorgen.

Noch drohte keine direkte Gefahr für Bagdad, denn es war von einer zweifachen, hohen und starken Stadtmauer umgeben. Selbst wenn die Angreifer die erste Hürde überwunden hätten, ständen sie doch nur in einem schmalen Streifen Niemandsland vor einer zweiten Mauer. Und von dieser herab, hätten die Verteidiger der Stadt den Vorteil, gut geschützt, die Angreifer mit Pech und griechischem Feuer, mit Steinen und kochendem Fett von weiteren Angriffen abzuhalten. Dazu waren die Speicher der Stadt gut gefüllt und die Grundversorgung über den Tigris und die nördlichen und westlichen Tore gesichert, wenngleich nicht mehr in dem Umfang wie gewohnt, da die Belagerer auf Beutezüge aus waren.

Ich selbst sorgte für fünf kräftige mamelukkische Sklaven, ausgebildete Schwertkämpfer, die ich mit dem Schutz des Anwesens beauftragte. Auch tagsüber, hieß ich sie an, sollten sie sich möglichst oft auf den Straßen und Wegen um Sindbads Besitz zeigen. Manchmal sind Waffen mehr wert, als jedes gute Argument. Ein Zustand, der mir schon immer missfallen hat, und der das

Leben in dieser Welt sicherlich nicht vereinfacht.

Die Söhne des Abassiden hatten sich in al-Harbiyya, ihrem Viertel, verschanzt. Alle Zugänge wurden von starken Posten bewacht und abgeriegelt. Sie hatten beschlossen, keiner Seite die Waffen zu leihen, sondern abzuwarten, wie sich die Lage entwickeln würde.

Plünderungen von kleinen Betrieben und Geschäften waren inzwischen an der Tagesordnung, und in den Suqs versuchten die verschiedensten Ganoven oder Sippen ihr Süppchen zu kochen und mit der unsicheren Lage Geld zu verdienen. So wurden Plätze in Karawanen verkauft, die überhaupt nicht auf die Reise gingen, gutes Gold gegen falsche Edelsteine getauscht und ähnliches mehr.

Eines Abends, ich entspannte mich bei einem heißen Bad im Hamam, fiel es mir wie Schuppen von den Augen.

Wie lange hatte ich immer wieder gerätselt, welchen goldenen Stab Sindbad in seinem Besitz gehabt hatte, um ihn dann in das Steuer seines Schiffes einsetzen zu lassen? Nur dadurch war es Sindbad mit der Dshin möglich geworden, in einer Nacht größere Strecken zurückzulegen, als der schnellste Kriegssegler der byzantinischen Flotte in sieben Tagen und Nächten.

Warum ist man oft blind für die Dinge des Leben, die einem so nahe vor Augen stehen, dass man ständig über sie stolpert und sie doch nicht wahrnimmt? Natürlich, mehrmals in der Woche, immer wenn ich ins Badehaus ging, besah ich mir die Mosaike an den Wänden dort. Ein Künstler, der eigens wegen diesem Auftrag aus Damaskus angereist war, hatte sie gefertigt. Die Abenteuer Sindbads erzählten die Bilder an den Wänden. Und ein Mosaik zeigte Sindbad, wie ihm auf einem einsamen hohen Berg, irgendwo zwischen Himmel und Hölle, ein goldener Stab überreicht wird.

Ich ließ mich trockenreiben, zog mich an und eilte ins Frauenhaus. Wie üblich war Tawaddud in der Nacht bei Osira.

Ich ließ den Eunuchen fragen, ob ich eintreten dürfe, und nach kurzem Warten, wurde es mir erlaubt.

Osira lag, von farbigen Seidentüchern neugierigen Blicken verborgen, auf ihrem Lager. Ich sah nur den Schatten ihres Körpers.

„Wie geht es ihr?" fragte ich Tawaddud.

„Eine Fingerbreite noch", flüsterte Tawaddud unglücklich. „Dann hat das Mal den Nabel Osiras erreicht und alles kommt zu spät und war umsonst."

„Sagt nicht das Sprichwort: Jammere nicht über ein Unglück, das noch gar nicht eingetroffen ist", versuchte ich sie zu beruhigen. „Sindbad wird rechtzeitig kommen. Wenn er den Frankenkaiser in Ravenna traf und das Horn bekommen konnte, ist er mit der Dshin schon bald hier."

„Zu viele Wenns! Der Weg ist zu weit, die Zeit zu knapp!"

Selten habe ich Tawaddud so ohne Hoffnung gesehen.

„Aber ich weiß nun, was das Wunder der Dshin bewirkt", sagte ich, um sie auf andere Gedanken zu bringen. „Und dies hat mich sehr hoffnungsfroh gestimmt. Sindbad hat den Stab, den er in das Steuer seines Schiffes einsetzen ließ, auf der Reise erhalten, auf welcher er Osira heiratete."

Wie ich gehofft hatte, wurde Tawaddud neugierig. Und Neugier ist ein sicheres Mittel gegen Hoffnungslosigkeit.

„Das war seine letzte große Reise, habe ich nicht Recht?" fragte sie.

Ich nickte. „Ja. Und es war sicherlich seine geheimnisvollste und seltsamste Reise, die er unternommen hat in seinem Leben."

„Erzähle", forderte Tawaddud mich auf. Sie reichte mir einige Trauben, schenkte mir einen Becher Wein ein und legte sich dann neben mich auf die Kissen, ihren Kopf in meinem Schoß.

SINDBADS SIEBENTE REISE

Eines Tages klopfte ein Bote des Kalifen Harun al-Raschid an meine Türe und übergab mir ein Schreiben, welches mich in den Palast bat. Gerne folgte ich dem Boten, der mich direkt zum Kalifen führte. Wie ein alter Freund und Vertrauter wurde ich empfangen. Und der war ich ja auch. Oft schon war ich Gast gewesen von Harun al-Raschid, oder er war in mein Haus gekommen, wenn ich ihn eingeladen hatte.

Nach vielerlei anderen Gesprächen und einem ausgezeichneten Mahl, das von den Darbietungen einer Schlangentänzerin, die gemeinsam mit einer langen dicken Würgeschlange absonderliche Verschlingungen zeigte, begleitet wurde, bat mich Harun al-Raschid, der Kalif von Bagdad, ihm einen Wunsch zu erfüllen.

Ohne nachzudenken versicherte ich, ihm gerne gefällig sein zu wollen.

Doch ich erschrak, als Harun al-Raschid sagte: „Ich will, dass du für mich zum König von Sarandib reist. Ich will ihm meine Freundschaft zeigen. Sei du der Überbringer meiner Geschenke und meiner Nachricht."

Hatte ich nicht erst vor kurzem bei meinem Leben geschworen, niemals wieder meinen Fuß auf ein Schiff zu setzen, das über die Meere fährt?

Der Kalif bemerkte mein Zögern und fragte nach dem Grund. Da erzählte ich ihm von meinen früheren Reisen, den Schrecken und Nöten, die ich dabei erleiden hatte müssen, und meinem Schwur.

„Du hast nichts von den Reichtümern erwähnt, die du auf deinen Reisen gesammelt hast, trotz all der Gefahren und Ängste, oder vielleicht gerade deswegen. Und damit meine ich nicht nur Gold und Edelsteine", gab mir der Kalif zu bedenken. „Denke an das Wissen, welches du durch deine Erfahrungen erworben hast, die Weisheit, die du gesammelt hast." Er legte mir eine Hand auf die Schulter. „Ich bitte dich, Sindbad, noch dieses eine Mal über das Meer zu fahren, in meinem Auftrag. Es gibt keinen, den ich an deiner Stelle zum König nach Sarandib schicken könnte."

„Ich höre und gehorche", sagte ich.

So bestellte ich mein Gut, verabschiedete mich in langen Nächten von all meinen Freunden und meinem Harem, sorgte wohl vor für alle und übergab dem alten Chacril wieder einmal alle Schlüssel und alle Macht in meinem Namen.

Harun al-Raschid, der Kalif, ließ für mich in Basra ein prächtiges Schiff ausrüsten, übergab mir die Geschenke, stattete mich mit allem überreichlich aus, wünschte mir wohlwollende Winde und Wellen für die Reise und eine baldige Rückkehr.

Nachdem die Waren der anderen Kaufleute, die sich mir noch anschlossen, verstaut waren, legten wir ab bei günstigem Wind.

Wir segelten des Tags und in der Nacht und legten an keiner anderen Insel an, bis wir nach Sarandib kamen und in der Stadt des Königs die Segel einholten und die Anker fallen ließen.

Ich ließ die Geschenke an Land bringen, nahm das Schreiben des Kalifen von Bagdad und machte mich auf in den prachtvollen Palast. Dort empfing mich der König von Sarandib wie einen lang vermissten Freund.

„Welch ein Glück widerfährt mir?" rief er, als ich vor ihn trat. „Sei willkommen, Sindbad. Es freut mein Herz, dich gesund wiederzusehen."

Er umarmte mich, gab mir den Platz zu seiner Rechten und bewirtete mich mit ausgesuchten Köstlichkeiten, Tanz und Musik. Erst nachdem wir gegessen und getrunken hatten, fragte der König mich nach den Gründen meiner Reise, und ob er mir behilflich sein könne.

Ich überreichte ihm das Schreiben des Kalifen von Bagdad und bat, die Geschenke meines Herrschers bringen lassen zu dürfen. Die Freude des Königs von Sarandib war groß, als er die freundschaftlichen Zeilen des Kalifen las, und er pries dessen Güte und Reichtum, als ich die Geschenke überreichte. Unter anderem waren dies ein Hengst, der ein halbes Königreich wert war, hundert verschiedene Arten ägyptische Leinwand, Seidenstoffe aus Kufa und Suez, über hundert Pfund rohe Seide, ein juwelengeschmückter Sattel, sowie ein Kristallbecher, der jedes Gift aus einem Getränk herauszieht und unwirksam macht.

Der König von Sarandib ließ Feste ausrichten für mich, gab mir alles was mein Herz begehrte und erwies mir hohe Ehren.

Ich dankte ihm für alles, doch dann bat ich ihn, mir zu erlauben, so bald als möglich wieder in meine Heimat zu segeln. Ich wollte dem Kalifen Harun al-Raschid berichten und wieder nach Bagdad zu meinen Freunden zurückkehren.

So schnell allerdings wollte mich der König nicht ziehen lassen, und ich musste ihn oft bitten, bis er schließlich ein Einsehen hatte und mich unter Tränen verabschiedete.

Das Schiff des Kalifen lag bereit, auch die Kaufleute waren wieder an Bord und so machten wir uns auf die Rückreise. Die Kaufleute waren zufrieden mit ihrem Handel, den sie in Sarandib getätigt hatten, und auch sie wollten möglichst bald im sicheren Hafen von Basra festmachen. So segelten wir ohne irgendwo anzulegen des Tags und auch in der Nacht. Lange Zeit waren uns die Winde günstig, kein Sturm braute sich am Horizont zusammen, keine Strömung brachte uns von unserem Kurs ab.

So kann man die Fahrt über ein Meer genießen, dachte ich bei mir. Doch eines Nachts wurde ich von wüstem Geschrei geweckt. Ich stolperte an Deck und sah im Licht des Mondes, dass unser Schiff von einer Vielzahl kleiner Boote umringt war. Die Männer darin waren bestens bewaffnet, und bald schon fielen die ersten an meiner Seite von Pfeilen und Speeren getroffen, nieder.

Auch ich nahm mir einen Bogen. Zwar gelang es mir, etliche der Piraten mit meinen Pfeilen niederzustrecken, doch die Übermacht war zu groß.

Schließlich wurde trotz unseres verzweifelten Widerstandes das Schiff geentert. Wer sich wehrte, wurde ohne Gnade niedergemetzelt, und so legte ich den Bogen zur Seite und reichte meine Hände einem dieser rohen Gesellen. Der fesselte sie mit starken Tauen. Um meine Knöchel wurden Ketten gelegt, und so wurde ich in den Laderaum des Schiffes zu meinen Leidensgenossen geworfen.

Die Piraten übernahmen unser stolzes Schiff und steuerten es, wer weiß wohin. Einmal am Tag wurde uns ein wenig zu essen hingeworfen, gerade wie räudigen Hunden und ein Eimer mit brackigem Wasser, das unseren Durst kaum löschte.

Auf einem schmutzigen Sklavenmarkt, in einem mir fremden Land, wurden wir, kaum dass wir uns zuvor ein wenig waschen konnten, allesamt gefesselt zur Schau gestellt und lauthals angepriesen, wie Hammelhälften.

Den ganzen Tag musste ich, angebunden wie ein Tier, in der prallen Sonne stehen, während ein Gefährte nach dem anderen an meiner Seite begutachtet wurde, oftmals von grobschlächtigen Menschen, die keineswegs zivilisiert genannt werden konnten. Am Schlimmsten waren die schon lang verglühten Witwen, die sich einen Haussklaven erhandeln wollten.

Zum Glück war ich für diese offensichtlich schon zu alt.

So stand ich bis die Sonne am Versinken war, als endlich ein weißhaariger Alter kam. Er stellte sich vor mich und suchte meinen Blick zu fangen, den ich ihm lange verweigerte. Als ich dann aber doch in seine Augen schaute, wusste ich, dies war ein verständiger Mensch, der da vor mir stand. Ich richtete mich soweit auf, wie es meine Fesseln erlaubten und hob den Kopf.

Der Mann wandte sich dem Händler zu und fragte ihn in einer mir fremden Sprache wohl nach meinen Vorzügen und dem Preis, den er für mich wollte.

Als die beiden einige Zeit verhandelt hatten, löste mir der Händler endlich ruppig die Fesseln, und der Alte sprach: „Folge mir."

Dann drehte er sich um und ging davon. Nicht ein einziges Mal schaute er zurück, um sich zu versichern, ob ich ihm auch folgen würde. Der Alte schritt durch die ganze Stadt zu einem großen Gut in einem reichen Viertel. Dort öffnete sich ihm das Portal, und er hieß mich eintreten. Er ließ mich neu einkleiden, gab mir Speise und Trank und behandelte mich freundlich.

„Erzähle mir deine Geschichte", forderte er mich in meiner Sprache auf, als ich von freundlichen Sklaven gewaschen worden war, und ich mich satt gegessen hatte.

„Eine Stimme in meinem Innern sagte mir, dass ich wohl beraten bin, wenn ich dich von der Last der Fesseln befreie."

Ich dankte dem alten Mann und erzählte von meiner Herkunft, meinem Auftrag und meinen Reisen. Der Alte aber war ein erfahrener Kaufmann, und er hörte viel Neues und Gewinnbringendes in meinen Berichten für seine zukünftigen Unternehmungen. Gemeinsam brachten wir die folgende Zeit damit zu, Karten zu zeichnen, denn ich erinnerte mich gut an all die Fahrten, die ich unternommen hatte. Auch mein Wissen über die Navigation, die Bestimmung des Ortes mit Hilfe der Sterne und die Berechnung des Kurses, waren mir nun von großem Nutzen.

Nachdem ich alle Reisewege, die ich in meiner Erinnerung fand, in Seekarten gezeichnet hatte, fragte ich den Alten, was ich noch für ihn tun könne. Dieser überlegte nicht lange und fragte, ob ich mit dem Langbogen umgehen könne. Ich bejahte, denn mit dieser Waffe konnte ich sehr gut umgehen. Da nahm er mich mit und führte mich auf eine Lichtung in einem alten Wald. Dort zeigte er mir einen uralten Baum, dessen Stamm zwanzig Männer nicht hätten umfassen können.

„Steige auf den Baum und warte bis zum Sonnenaufgang", befahl er mir. „Jeden Morgen kommt auf diese Lichtung hier eine große Herde von Elefanten. Versuche, einen von ihnen zu erlegen. Der Handel mit dem Elfenbein der Stoßzähne bringt großen Gewinn."

Alleine in der Nacht saß ich auf dem mächtigen, uralten Baum und wartete mit sorgenvollen Gedanken auf den Morgen. Denn Elefanten hatte ich noch nie gejagt, und die mächtigen Tiere betrachtete ich eher mit Ehrfurcht, denn als gewinnbringende Beute.

Noch bevor die Sonne aufging, sammelte sich eine große Herde Elefanten auf der Lichtung. Ich wählte mit Bedacht ein altes, krankes Tier und erlegte es mit einem einzigen Pfeil. Als die Herde flüchtete, kletterte ich von dem Baum, ging zu meinem Herrn und berichtete ihm.

Ich bekam ein wertvolles Geschenk und den Auftrag, am nächsten Abend wieder auf den Baum zu klettern. Und wieder erlegte ich einen alten, kranken Elefanten.

So ging es sieben Nächte lang.

Am Morgen des achten Tages jedoch kamen die Elefanten und umringten den Baum, auf dem ich saß. Die größten Elefanten legten ihre Rüssel um den mächtigen Stamm und rissen ihn samt allen Wurzeln heraus. Ich stürzte mit dem Baum auf die Erde, glaubte mein Ende sei nun unwiderruflich gekommen und fiel in eine tiefe Ohnmacht.

Ich fand mich wieder auf dem Rücken eines großen Elefanten, festgehalten von seinem Rüssel. In wiegendem Trab ging es durch den Urwald, und ich hatte wenig Hoffnung, jemals wieder zu lebenden Menschen zu kommen.

Endlich warf mich der Elefant vor sich auf die Erde, dass meine Rippen knackten. Nach Atem ringend lag ich vor ihm und erwartete meine letzte Stunde. Doch der Elefant dröhnte nur laut, gab mir einen letzten Schubs mit dem Rüssel und verschwand.

Und mit ihm die ganze Herde.

Als ich mich mit noch zitternden Knien erhob und umschaute, sah ich, dass ich auf lauter Elefantenknochen lag. Die Herde hatte mich zum Todesacker der Elefanten gebracht, jener sagenumwobenen Stätte, zu welcher sie große Strecken wandern, um schließlich dort, bei all den Ahnen zu sterben.

Den ganzen Tag und die darauffolgende Nacht musste ich mich durch unwegbaren Dschungel kämpfen. Die Stimmen der wilden Tiere waren meine Begleiter. In früheren Jahren hätte ich gezittert und mich auf einen hohen Baum geflüchtet. Doch da ich erfahren hatte, dass selbst dies nichts nutzt, fürchtete ich mich nicht.

Endlich erreichte ich das Haus meines Herrn. Der alte Mann war hocherfreut, als er mich lebend sah, und noch mehr freute ihn, als er hörte, was mir widerfahren war, und was ich entdeckt hatte.

„Schon viele von uns wurden getötet, bei dem Unterfangen, die Elefanten zu jagen. Dir aber haben sie gezeigt, wie du an das Elfenbein kommst, ohne sie töten zu müssen. Mir scheint, der Erschaffer des Einen und Allen hält seine schützende Hand über dich", sagte er und entließ mich daraufhin in die Freiheit.

Ich konnte bei ihm wohnen und wurde wie ein Gast behandelt. Der Alte stattete mich mit allem reichlich aus und gab mir auch einen Teil des Elfenbeins, damit ich damit Handel treiben konnte.

Wie es das Schicksal fügte, ankerte einige Wochen später ein großes, starkes Handelsschiff im Hafen. Als ich erfuhr, dass es nach Basra unterwegs war, ließ ich mich bei dem Kapitän melden, um mit ihm über eine Passage auf seinem Schiff zu reden.

Er nahm mich gerne mit an Bord. Nicht nur, weil ich mit meinem Elfenbein einen guten Preis für Fahrt und Fracht bezahlen konnte, sondern weil er meinen Namen schon gehört hatte in allerlei Erzählungen und sich freute, einen erfahrenen Seemann wie mich bei sich auf seinem Schiff zu wissen.

Wir segelten von Insel zu Insel, von Meer zu Meer und überall trieben wir Handel und mein Vermögen an Waren, Juwelen, Gold und Geld wuchs beträchtlich.

Eines Tages jedoch überraschte uns ein Orkan, wie ich noch keinen erlebt hatte. Sieben Tage und Nächte wütete er und unser stolzes Schiff war ein winziger Spielball in seinem brüllenden Atem. Die Hälfte der Besatzung holte sich das tobende Meer, und manches Mal konnten wir Himmel und Wasser nicht mehr auseinanderhalten.

Endlich ließ der Sturm ein wenig nach, und der Kapitän stieg auf den Mast, um Ausschau zu halten. Lange starrte er in alle vier Himmelsrichtungen, und sein Gesicht wurde dabei immer griesgrämiger. Als er wieder bei uns auf dem schwankenden Deck stand, blickte er uns schweigend an und zuckte die Achseln. Dann ging er unter Deck in seine Kajüte. Dort öffnete er seine Truhe, kramte darin herum und holte einen unscheinbaren Beutel aus Baumwolle hervor. Aus diesem streute er sich ein rotes Pulver auf die geöffnete Hand und befeuchtete es mit seinem Speichel. Das Pulver begann zu schäumen und zu dampfen. Mit geschlossenen Augen beugte sich der Kapitän darüber und atmete den Rauch ein.

Noch sorgenvoller wurden daraufhin die Falten auf seiner Stirn. Aus einer anderen Kiste griff er sich ein altes Buch und blätterte lange darin, bis er endlich fand, nach was er gesucht hatte.

Voller Entsetzen sah er uns dann an. „Der Orkan hat uns ins äußerste Meer der Welt getrieben", erklärte er. „Niemals ist jemand zurückgekehrt aus diesen Gewässern, das auch das Meer der Geisterkönige genannt wird. Das Grab des König Salomo soll hier sein und die Gräber vieler anderer Weiser und Wissender. Gewaltige Seeschlangen gibt es hier und Fische, so groß, dass sie ganze Schiffe auf einmal verschlingen können. Sammelt euch und bereitet euch vor, Abschied vom Leben zu nehmen. Ich kann euch keine Hoffnung auf einen glücklichen Ausgang dieser Reise mehr machen."

Nach diesen Worten entkleidete er sich und sprang in die vom Sturm aufgewühlte See. Manch andere, Seeleute wie Kaufmänner, folgten seinem Beispiel.

Ich aber hatte in der Ferne einen riesigen Fisch ausgemacht, der auf uns zukam und unser Schiff umkreiste. Und hinter diesem entdeckte ich einen noch größeren Fisch und nach diesem kam ein dritter, der so groß war wie ein Berg. Wir wenigen, die noch auf dem Schiff ausharrten, waren völlig verstört vor Angst und Schrecken. Nun wünschte ich mir, dass ich schon viel früher mit den anderen über Bord gesprungen wäre. Vielleicht hätte mich dann jetzt schon ein gnädiger Tod ereilt. Angesichts der Fische fehlte mir nun der Mut dazu, und ich wagte mir nicht vorzustellen, was ich nun zu erwarten hatte.

Der größte der drei Fische hatte die beiden anderen offensichtlich vertrieben, vielleicht auch einfach verschluckt. Mit seinem aufgerissenen Maul löschte er den Horizont und den Himmel aus. Und er schwamm, schnell wie ein angreifendes Panzernashorn, auf unser Schiff zu.

Doch die schäumende Welle, die der unersättliche Riesenfisch vor sich herschob, war so mächtig, dass sie unser Schiff packte, herumwirbelte und in die Höhe schleuderte. Wir krachten wieder hinunter, mitten zwischen die Augen des Riesenfisches. Alle Planken unseres starken Schiffes zersprangen, die Warenballen im Laderaum lösten sich und Kisten und Fässer polterten durcheinander. Wir stürzten allesamt in das aufgewühlte Meer.

Und wieder wäre ich fast ertrunken. Doch dann spürte ich eine Schiffsplanke, zog mich hinauf und überließ mich den Wellen, dem Wind und einem Schicksal, das mir wohl vorbestimmt war schon seit Anbeginn der Zeit, und dem ich mich seufzend ergab.

Ergeben musste.

So tanzte meine Planke durch die stürmische See, die Wellen hinauf und wieder hinab in die Tiefe. Ich litt Hunger und fürchterlichen Durst. Mit den Tränen meiner Verzweiflung netzte ich mir die aufgequollene Zunge. Doch ich löste meinen Griff nicht von der Planke, obschon ich manches Mal dachte, nun könne ich mich nicht mehr halten. Drei Tage und drei Nächte dauerte meine Qual bis ich von den Wellen an Land geworfen wurde wie unnützes Strandgut.

Ich kroch auf allen Vieren ein Stück landeinwärts, bis ich einen Bach fand und Früchte, die auf der Erde lagen. Dann schlief ich einen langen, tiefen Schlaf.

Als ich erwachte fühlte ich mich erfrischt und fasste neuen Mut. Nochmals erkundete ich die Insel. Sie war nicht groß, jedoch reich an Bäumen. Nachdem ich nun nichts und niemanden auf der Insel fand, erinnerte ich mich an meine Fahrt mit dem Floß, und ich beschloss mich auf diesem Weg wieder auf das Meer zu wagen, um vielleicht auf ein Schiff zu treffen, eine Insel zu erreichen oder irgendein Land, in welchem Menschen wohnten, die mir den Weg zurück in meine Heimat weisen konnten.

Ich sammelte gutes, trockenes Holz und band die Stämme mit Stricken zusammen, die ich mir aus Gräsern geflochten hatte. Dann suchte ich Früchte und füllte mir in ausgehöhlte Kürbisse Wasser, so viel ich konnte. Als ich alles zu meiner Zufriedenheit gerichtet hatte, stieß ich mein Floß ab und überließ mich wieder dem Wind und den Wellen des Meeres. Lange Tage und Nächte war ich so der einsamste Mensch auf Erden, den man sich nur vorstellen kann. Bald schon waren die Früchte zur Neige gegangen, obschon ich nur sparsam davon gegessen hatte, und ich verspürte einen solchen

Hunger, dass ich anfing auf den Stricken herumzukauen, mit denen ich mein Floß zusammengebunden hatte.

Endlich trieben mich Wind und Wellen auf eine Küste zu, die aus hohen Bergen bestand. Schon wollte ich dankbar jubeln, da sah ich, dass sich unter einer Felswand eine Höhle öffnete, in deren Schlund mich eine immer stärker werdende Strömung zog. Ich erinnerte mich meiner letzten Höhlenfahrt und versuchte alles, meinem Floß eine andere Richtung zu geben. Doch der Sog war zu stark und wie das Maul eines Seeungeheuers verschluckte mich der Berg.

Doch noch bevor ich mich fürchten konnte und ohne dass mein Floß gegen Felsen gestoßen wäre, war ich unter dem Berg hindurch, und die Sonne schien mir wieder ins Gesicht. Vor mir schäumte der breite Fluss in einem donnernden Wasserfall tief über einen felsigen Abgrund hinab. Mir blieb nichts übrig, als mich auf meinem Floß festzuklammern und mich verloren zu geben. Dann kippte ich nach vorne und stürzte mit den Wassermassen in die Tiefe.

Zu meiner Verwunderung und meinem Stolz hielt mein Floß zusammen und ich überstand den Sturz ohne Verletzungen. Vor mir lag nun ein weites Tal, in welchem der Fluss schnell dahinströmte. Die rasende Fahrt durch Stromschnellen, wirbelnde Wasser und versteckte Untiefen dauerte bis zum Mittag. Dann sah ich eine Stadt vor mir an einem Ufer liegen, die prächtig erbaut war und in der Sonne strahlte wie ein Diamant.

Ich versuchte, mein Floß an das Ufer zu lenken. Doch die Strömung war zu reißend für alle meine Bemühungen. Ich wäre an der Stadt vorbeigetrieben, wenn mich nicht einige Bewohner entdeckt hätten. In großer Eile spannten sie Seile und Netze über den Fluss. Mein Floß

verfing sich darin und ich konnte mich festhalten, bis
ich an das Ufer gezogen wurde.

Halb tot sank ich dort nieder.

Da trat aus der Menge ein würdiger Greis. Er reichte mir
seinen Mantel, damit ich meine Blöße bedecken konnte,
denn aus meinen Kleidern hatte ich das Segel des Floßes
gefertigt, das mich bis hierher gebracht hatte. Als ich zitternd wieder auf die Beine gekommen war, legte er meinen Arm über seine Schulter, stützte mich und geleitete
mich so in sein Haus. Er ließ mich baden und salben
und bat mich an seinen Tisch. Alle die um ihn waren
freuten sich, mich zu sehen, und ich aß und trank an
seiner Seite wie ein gern gesehener Freund. Er ließ in
einem Seitenflügel seines Hauses ein geräumiges Zimmer
für mich freiräumen und befahl seinen Dienern und
Sklaven, mir jeden Wunsch zu erfüllen.

Drei Tage und drei Nächte wurde ich verwöhnt, und so
kam ich schnell wieder zu Kräften und erfreute mich
bester Gesundheit und frischen Mutes.

Am vierten Tag kam der alte Scheich, dem ich diese
Gastfreundschaft verdankte, zu mir und sprach: „Du
hast mich durch deinen Besuch sehr erfreut. Fühlst du
dich kräftig genug, mit mir an den Fluss zu gehen, deine
Waren zu sammeln und sie auf dem Markt feilzubieten.
Ich denke, heute wäre ein guter Tag dafür."

Ich wusste nicht, wovon er sprach und muss ihn wohl
verwirrt angeschaut haben, denn er fuhr fort: „Mein
Sohn, mach dir keine Gedanken. Komm mit mir, wenn
du dich erholt hast und wieder bei Kräften bist."

So ging ich mit ihm hinunter an das Ufer des mächtigen
Stromes zu meinem Floß. Er band die Hölzer auseinan-
der und betrachtete sie zufrieden. „Ein Sandelholz wie
dieses habe ich in meinem langen Leben noch nicht

gesehen", sagte er. „Es ist sein Gewicht in Silber wert, mein Sohn. Komm mit, wir wollen zum Markt gehen."
Er winkte einen Lastenträger herbei und noch einen zweiten, dritten und vierten. Diese nahmen die Hölzer meines Floßes und trugen sie hinter uns her zum Markt. Ich konnte mein Glück nicht fassen und folgte meinem Gastgeber voller Freude. Auf dem Markt pries er meine Hölzer an und schnell wurde der Preis in die Höhe getrieben. Als schließlich das letzte Gebot genannt wurde und Stille herrschte unter den Händlern, wandte sich der alte Scheich an mich und fragte, ob ich meine Sandelhölzer zu diesem Preis verkaufen, oder einen anderen Tag, der vielleicht einen besseren Preis bringen könnte, abwarten wolle.

Fassungslos über die Höhe des Preises gab ich mein Einverständnis zum Verkauf. Mit einem Male war ich, der fast verhungerte und verdurstete Schiffbrüchige, wieder ein wohlhabender, ja, ein reicher Mann.

Ich wollte dem alten Scheich danken, nahm seine Hand und wollte sie küssen. Doch er entzog sie mir und sprach: „Ich biete dir hundert Quäntchen Silber mehr für dein Sandelholz, als das letzte Gebot. Bist du damit einverstanden?"

„Ich höre und bin erstaunt über die Gunst, die mir das Leben gibt" antwortete ich, noch immer keinen klaren Gedanken darüber fassend, was mir eben widerfuhr. „Dein Angebot ist das Beste. Dir soll das Sandelholz gehören."

Er befahl seinen Dienern, das Holz in sein Vorratshaus zu schaffen und überreichte mir das vereinbarte Silber in seinem Hause.

Wieder lebte ich wie zuvor in allem Luxus, den man sich erträumen kann. Der Scheich, der einer weit verzweigten

Sippe vorstand, regierte über das Reich Saisuda und seine Macht und sein Reichtum waren sprichwörtlich.

Alle meine Wünsche wurden mir erfüllt und ich hätte in Glück und Zufriedenheit leben können. Doch oft träumte ich des Nachts von Bagdad, meinen Häusern dort, meinen Freunden.

Eines Abends sprach der Scheich zu mir: „Mein Sohn, einen Wunsch hätte ich, den du mir erfüllen könntest."

„Ich höre und gehorche", antwortete ich.

„Ich bin alt und meine Tage sind gezählt", begann der Scheich. „Mir war nicht vergönnt, einen männlichen Nachfolger zu zeugen," er begann verschmitzt zu lächeln, in alten Erinnerungen versunken, „obwohl ich mich wahrlich bemüht habe." Nun lachte er laut und seine leuchtenden Augen verschwanden in seinem faltigen Gesicht.

„Ja, wirklich!" rief er, als er mein erstauntes Gesicht sah. „Siebenundzwanzig Töchter habe ich gezeugt!"

Dann wurde er wieder ernst. „Ich bitte dich, meine Lieblingstochter Osira zu heiraten. Ich will, dass du mein Nachfolger wirst, und meine Sippe fortführst, denn ich spüre den Atem des Todes in meinem Nacken. Und dass Ubdrael, mein Bruder diese Sippe führt, das will ich nicht. Er hat sich der schwarzen Magie verschrieben."

Ich schrak zusammen und erzählte dem alten Scheich, was mir geschehen war, als ich schon einmal geheiratet hatte. Da lachte der Alte gutmütig. „Ich kann dir versichern, dass wir hier solche Bräuche nicht kennen!"

Ich beugte demütig mein Haupt und antwortete: „Mein Scheich, du bist mir wie ein Vater geworden. Zwar sehne ich mich nach meiner Heimat und will auch eines Tages dorthin zurückkehren. Doch wenn du mir deine Lieblingstochter anvertrauen willst als Ehefrau, beuge ich mein Haupt vor deinem Urteil und deinem Rat. Denn ich vertraue dir."

Schweigend und ernst sah mir der alte Scheich lange in die Augen. Dann rief er einen Sklaven und ließ seine Tochter bringen.

Selbstbewusst und keineswegs scheu stand sie vor mir und musterte mich kritisch. Ich sah ihren Blick und ihre Anmut. Wir versenkten unsere Augen ineinander und fanden darin, was wir gesucht hatten, in unserem bisherigen Leben.

Der alte Scheich hatte uns schweigend beobachtet. Sein Lachen holte uns wieder in die wirkliche Welt zurück. Die Hochzeit zwischen Osira und mir war eine beschlossene Sache.

Ich habe nie bereut, den Rat des alten Scheichs angenommen zu haben. Osira und ich lebten in Saisuda einige Zeit in Lust und Freude, in Friede und Eintracht, in Sehnsucht und Erfüllung.

Doch dann starb Osiras Vater, ich bekam den Siegelring der Sippe überreicht und wurde an Stelle des alten Scheichs Herrscher über alle Güter, welche er besessen hatte. Und das waren nicht wenige. Ich war reicher, als ich jemals zuvor gewesen war.

Als ich nun einige Zeit in Saisuda regiert hatte, die Wasserzuteilungen zugesprochen, Rechtsstreitigkeiten geschlichtet und die Verwendung der Steuern bestimmt hatte, entdeckte ich zu meiner großen Verwunderung, dass sich alle Männer in Saisuda einmal im Monat verwandelten.

Ubdrael, Osiras Oheim, der Bruder des alten Scheichs, schien hinter all dem zu stecken. Die Männer veränderten ihre Gestalt. Ihre Arme wurden zu großen Flügeln. Damit erhoben sie sich und flogen in den Himmel, und niemand außer den Frauen und Kindern, und mir, blieb in der Stadt zurück.

Als der nächste Vollmond kam, und die Männer sich wieder zu verwandeln begannen, sprach ich einen von ihnen an und beschwor ihn, mich mitzunehmen. Zunächst weigerte er sich, doch ich war der Nachfolger des Scheichs und hatte den Ring der Sippe an meinem Finger. Deshalb befahl ich es ihm, und er beugte sich meinem Willen. Ich klammerte mich an ihn, und er schwebte mit mir in den nächtlichen Himmel empor.

Als ich weit über den Wolken war, in einem Himmel so dunkelblau wie die Gewässer der südlichen Meere, hörte ich mit einem Male Gesänge, wie ich sie schöner noch niemals vernommen hatte.

In meinem Glück begann ich den Erschaffer des Einen und Allen zu preisen und ihm zu danken für die Wunder dieser Welt. Doch kaum hatte ich damit begonnen, schoss eine Flamme über den Himmel und hätte die Männer aus Saisuda und mich fast verbrannt.

Unter großem Geschrei und Gezeter beschuldigten sie mich, da ich die Flamme mit meinen unbedachten Worten herbeigerufen hätte. Sie warfen mich auf den Gipfel eines hohen Berges, flogen davon und ließen mich dort alleine zurück. Ich lag zerschunden auf dem Rücken und dachte über dieses Erlebnis nach. Nicht mehr zwischen diesen falschen Engeln über den Wolken zu hängen, stimmte mich froh.

Als ich mich umsah, um einen Weg zurück zu Osira, meiner Frau, zu finden, bemerkte ich, dass zwei Jünglinge, die leuchteten wie der Mond, auf mich zukamen. Jeder von ihnen trug einen goldenen Stab in der Hand.

Einer von ihnen trat zu mir, reichte mir seinen Stab und sagte: „Nun gehe heim. Dieser Stab wird dich nun auf immer führen und dich stets dahin bringen, wo du zu sein hast."

Nachdem sie sich freundlich verabschiedet hatten, gingen sie weiter, über schroffe Grate und dünne Wolkenbänke. Irgendwohin, in die Unendlichkeit des Himmels.

Noch betrachtete ich den kunstvoll gearbeiteten Wanderstab, der ganz aus rotem Gold gefertigt war und versuchte einen Sinn zu finden in dieser Begegnung. Da brach krachend ein Fels zur Seite und dahinter kroch eine mächtige Schlange hervor. In ihrem Maul hielt sie einen Mann, den sie schon bis zum Bauchnabel verschlungen hatte.

Ohne lange nachzudenken sprang ich hinzu und schlug der Schlange mit dem Wanderstab auf den Kopf. Vor Schmerz und Furcht spie die Schlange den Mann aus und machte sich eilends davon.

Der Mann jedoch trat zu mir, umarmte mich und sprach: „Du hast mich von der Schlange befreit. Tizzhar, der Schweigsame werde ich genannt. Auf immer will ich nun dein Weggefährte und Freund sein."

Der goldene Stab wies mir Richtung und Weg, und so kamen wir noch vor dem Morgen auf wundersame Weise wieder zu meinem Haus zurück.

Osira erwartete mich schon voller Sorge.

Ich erzählte ihr von meinen Erlebnissen, und sie meinte: „Hüte dich, mit diesen Männern zu gehen, denn sie sind die Brüder des Bösen und folgen Ubdraels dunkler Magie."

„Wie hielt es denn dein Vater mit ihnen?" fragte ich Osira.

„Er wollte nichts von ihnen wissen und hat sie bekämpft, wann immer er auf sie traf", sagte sie mit blitzenden Augen.

„Dann lass uns gehen. Komm mit mir nach Madinat as-Salam, der Stadt des Friedens. Komm mit mir nach Bagdad und lebe dort mit mir in meinem Haus", bat ich sie nach einiger Zeit des Nachdenkens. „Ich will nicht kämpfen, gegen deinen Oheim Ubdrael. Ich will in Frieden leben. Und nichts als dies."

Und in dieser Nacht beschlossen wir, unseren Besitz zu verkaufen, um in meine Heimatstadt zu reisen und dort zu leben in Freude und Lust, in Eintracht und Frieden.

Wir fanden ein Schiff, welches groß genug war, all unseren Besitz mitzunehmen und segelten dahin von Insel zu Insel, von Meer zu Meer bis wir endlich wohlbehalten in Basra ankamen.

Dort wartete ich nicht, sondern rüstete eine große Karawane aus, mit der ich mich sogleich aufmachte, um mit Osira, meiner Frau, nach Bagdad zu reisen, der Stadt des Friedens.

Bagdad, 191 Jahre nach Muhammeds Higra, 813 n.Chr.

Die öffentliche Ordnung war völlig zusammengebrochen in Bagdad. Das Recht des Stärkeren und Lauteren, des Gierigeren und Brutaleren, brach Sitte und Vernunft, Anstand und Verantwortung. Nachts sah man am Himmel den Feuerschein von brennenden Häusern. Tagsüber roch es manchmal nach verkokelten Balken und süßlicher Verwesung. Die knochige Hand des Todes, die Klauen des Krieges begannen sich um Bagdad zu schließen.

Drei Tage war es noch bis Neumond, und nicht nur die Mondgläubigen hofften und beteten, dass sich etwas ändern möge in Bagdad. Denn solange noch keine Entscheidung zwischen dem Kalifen al-Amin und seinem Bruder al-Ma'mun gefallen war, verschlimmerte sich die Lage in der Stadt von Tag zu Tag.

Ich hatte angeordnet, dass die Portale und Türen unseres Anwesens gut verschlossen und verriegelt waren und dies auch selbst überprüft. Vorräte hatten wir genug für einige Wochen. Darüber musste ich mir keine Gedanken machen. Zumindest jetzt noch nicht. Im kleinen Stall neben der Küche blökten Schafe und zwei Kühe für Milch. Dazu Kälber, die im Fall der Fälle unter Omsars Messer enden würden.

Uns plagten andere Sorgen.

Das Fluchmal war so weit gewachsen, dass es Osiras Nabel schon fast umschlossen hatte.

Und es kam keine Nachricht von Sindbad.

Inzwischen hatte ich einen Sklaven abgeordnet, der den ganzen Tag den Taubenschlag zu beobachten hatte.

General Tahir schien sich auf eine längere Belagerungszeit eingerichtet zu haben. Zwar konnte man von der Mauer aus sehen, dass Holz herbeigeschafft wurde für Katapulte und Sturmtürme, doch die Handwerker ließen sich bei ihrer Arbeit Zeit.

Auch die Männer, die damit begannen, Tunnel zu graben, um dadurch die Stadtmauer und ihre Türme zum Einsturz zu bringen, wurden nicht zu übermäßiger Eile angetrieben. Doch sie kamen voran in ihrer Arbeit.

Wahrscheinlich wartete General Tahir auf die Ankunft seines Gebieters, auf al-Ma'mun, den zweitgeborenen Sohn Harun al-Raschids, der von Tus aus nach Bagdad unterwegs war.

Schließlich sollte er, nach der Erstürmung von Bagdad, zum neuen Kalifen ausgerufen werden.

Der Clan der Barmakkiden, der angesichts der Streitmacht von al-Ma'muns Heer vor dem al-Anbar-Tor inzwischen versuchte zu retten, was nach einem möglichen Wechsel an der Spitze des Reiches, noch an Einfluss und Macht zu erhalten war, hatte inzwischen die Kontakte zum Wesir des Kalifen, zu al-Fadl ben ar-Rabi, dem Grauen, abgebrochen.

Die Söhne des Abassiden waren zu keinerlei Gesprächen bereit. Sie wollten warten, bis al-Ma'mun zu seinem Heer gestoßen war.

Dann würde man weitersehen.

Jeden Morgen kam mir Tawaddud mit rot geweinten Augen entgegen und berichtete mir vom Fluchmal Osiras. Es wuchs unerbittlich weiter.

Noch vor der Mittagsstunde erkundigten sich Tag für Tag Boten von Sindbads Freunden, ob es Neues gäbe.

Doch ich musste ihnen stets mitteilen, dass ich noch immer keine Nachricht von Sindbad erhalten hatte.

Es war in der Neumondnacht, als ich durch ein furchtbares Getöse aus dem unteren Stockwerk erwachte.
So schnell ich konnte streifte ich mir meine Galabea über und sah mich nach einer Waffe um. Doch das einzige, was mir danach aussah, als könnte ich mir damit jemanden vom Leibe halten, war eine lange, sorgfältig zugespitzte Schreibfeder, die ich mir in meiner Not vom Arbeitspult griff. Ich hielt sie wie ein Messer in der Faust und wagte mich, nachdem ich mir an der Öllampe eine Fackel entzündet hatte, die Treppe hinab.
Von der Eingangshalle her hörte ich Gebrüll und Waffengeklirr, dazwischen Schmerzensschreie und das Zerbersten blumengeschmückter Vasen und der Wasserschüsseln, die dort für Heimkehrende oder Gäste, zur Reinigung ihrer Füße vorbereitet standen. Aus den Augenwinkeln sah ich, wie in den Häusern der Sklaven und Frauen die Fackeln entzündet wurden.
In wenigen Augenblicken würden alle Sklaven und Eunuchen, die ich eigenhändig bewaffnet hatte, hier in der Eingangshallte stehen.
Als ich mit der Fackel einige Stufen über der Eingangshalle stand, sah ich in ihrem flackernden Schein einen zuckenden Schatten, der sich so schnell bewegte, dass ihm mein Auge kaum folgen konnte. Zwei der mamelukkischen Schwertkämpfer waren schon ohne Waffen. Der dritte senkte gerade, um Gnade bittend, sein Schwert, denn die Klinge des Schattens züngelte wie eine Giftschlange an seiner Kehle.

Ich kann nicht sagen, weshalb ich nicht einfach rief, Tizzhar, halt ein! Du bist unter Freunden! Denn wer anders als Tizzhar, der Schweigsame, hätte dieser Schatten sein sollen. Vielleicht war ich noch verwirrt, weil ich aus dem Schlaf gerissen worden war. Ich dachte an einen Überfall auf das Anwesen und rief laut: „Ich bin Chacril, Vertrauter Sindbads des Seefahrers und Verwalter all seiner Güter und Reichtümer und dieses Anwesens hier. Ich spreche in seinem Namen! Sag was du willst, ohne weiteres Blutvergießen anzurichten."

Vom Park her hörte ich das Geschrei der zu Hilfe eilenden Männer.

Der Schatten verharrte zitternd, wie ein Spiegelbild in dunklem Wasser.

Doch dann hörte ich eine andere Stimme. Eine Stimme, die all meinen Gram hinwegspülte, wie eine große, weißschäumende Meereswelle: „Und ich bin Sindbad der Seefahrer. Warum überfällt man mich bei meiner Rückkehr in der Eingangshalle meines Heimes, während ich mir das Salz des Meeres vom Gesicht waschen will?"

Eine zweite Gestalt trat in den Lichtschein meiner Fackel.

„Sindbad", rief ich überglücklich. Achtlos warf ich die Fackel auf die Steinstufen, stolperte die Treppe hinunter und schloss den lange Vermissten in die Arme. Wenig später spürte ich die lachende Tawaddud an meiner Seite, deren Arm sich auch um Sindbads Schulter legte. In ihrer anderen Hand konnte ich den kleinen, spitzen Dolch mit der vergifteten Spitze sehen. Schon der kleinste Ritz von ihm führt zu einem schnellen, qualvollen Tod.

Tizzhar hatte sein Schwert gesenkt und dem Mamelukken die Hand gereicht. In dessen Augen stand blankes

Entsetzen. Wahrscheinlich dachte er noch immer, gegen einen Geist gekämpft zu haben.

Die herbeistürzenden Männer mit Schwertern, Dolchen und Lanzen bewaffnet, lachten erleichtert, als sie erkannten, was geschehen war und senkten gerne die Waffen.

„Hast du erreicht, was du dir vorgenommen hast?" fragte ich Sindbad schließlich, nachdem ich ihn lange gedrückt hatte.

„Das Horn der Erkenntnis ist in meinem Besitz", nickte er. „Karl, der Kaiser der Franken, überreichte es mir in Ravenna."

„Dann lasst uns zu Osira eilen", drängte Tawaddud. „Schnell! Das Fluchmal hat ihren Nabel fast umschlossen."

Sindbad öffnete die rindslederne Tasche, die er um eine Schulter hängen hatte. „Weit reisen musste ich deswegen", sagte er und hob langsam ein Horn aus altem Elfenbein mit einem diamantenen Mundstück hervor. „Olifant. Das Horn der Erkenntnis. Gehen wir!"

Nur Tawaddud und ich gingen mit Sindbad in Osiras Räume. Alle anderen versammelten sich im Innenhof beim Brunnen und flüsterten leise miteinander. Sindbads Antlitz wurde bleich wie gekalkter Stein, als er bei seiner Frau stand und auf sie blickte. Neben ihrem Gesicht, das vollständig vom Fluchmal verunstaltet war, lagen noch immer die beiden Tonscheiben Ubdraels mit dem eingeritzten Skorpion und der Schlange.

Als Sindbad das Horn an den Mund setzte, ließ er Osira nicht aus den Augen. Er blies mit prall gespannten Wan-

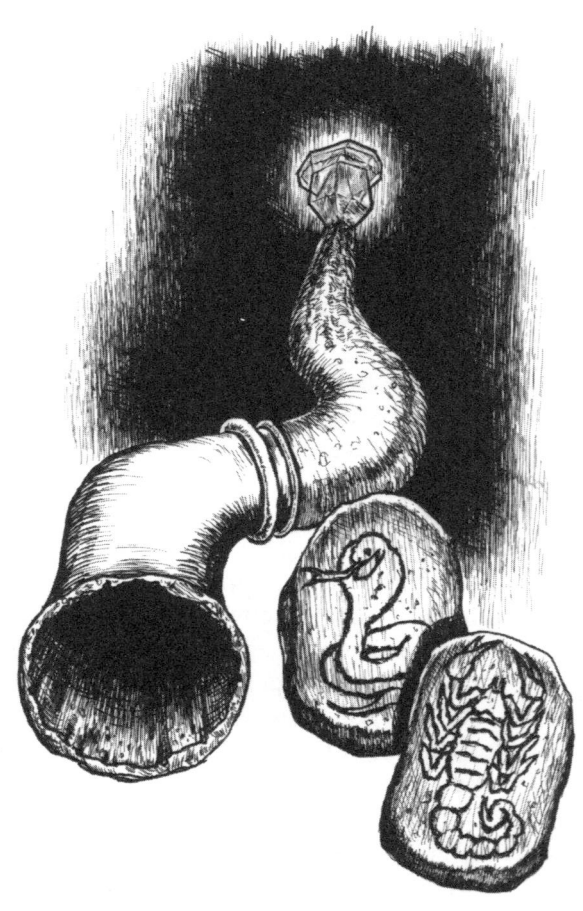

gen, doch zunächst hörte ich überhaupt nichts. Schon glaubte ich, Sindbad könne das Horn der Erkenntnis nicht blasen oder irgendetwas in seinem Innern sei zerbrochen. Doch dann vernahm ich leise einen hohen, reinen Ton, der von weit her zu kommen schien und immer dichter und lauter, durchdringender und drängender wurde. Die Luft begann zu zitterten, und auf Osiras Stirn glänzten Schweißtropfen. Ihr Atem beschleunigte sich, und die Lippen bewegten sich leicht, als wolle sie etwas sagen.

Noch immer blies Sindbad in das Horn. Inzwischen war der Ton zu einem solch ohrenbetäubenden Klang angeschwollen, dass die Flammen der Lampen und Fackeln schwankend tanzten.

Mit trockenem Knacken zerbrachen die Tonscheiben Ubdraels zu erdfarbenem Staub.

Und dann öffnete Osira langsam die Augen. Ihr Blick war verschwommen zunächst, doch er wurde klarer, als sie Sindbad bemerkte.

„Du", murmelte sie und sprach dann langsam weiter: „Meine Liebe ist endlos wie die See und auch so tief. Je mehr ich dir davon gestehe, umso mehr erhalte ich. Denn grenzenlos sind beide."

Ein winziges Lächeln huschte über Osiras Gesicht. Dann entspannten sich ihre Züge, und sie schloss wieder die Augen.

Sindbad legte das Horn der Erkenntnis zur Seite, kniete neben seine Frau, strich ihr die Haare aus der Stirn und küsste sie sanft auf den Mund.

Langsam erhob er sich wieder. „Nun müssen wir den morgigen Tag abwarten", sagte er. „Erst das Licht der hoch stehenden Sonne wird zeigen, ob ich rechtzeitig zurückgekehrt bin."

Dann befahl er vollkommene Ruhe im Frauenhaus.

Mich hieß er an, das Badehaus vorbereiten zu lassen und einen Boten an die Freunde zu schicken, um ihnen auszurichten, er sei wohlbehalten nach Hause zurückgekehrt.

Als ich Sindbad erklärte, die Straßen Bagdads seien nicht mehr sicher, vor allem in der Nacht, meinte er nur: „Schick Tizzhar. Er soll ihnen sagen, die Tonscheiben Ubdraels sind zerstört und mein Badehaus ist gerichtet."

Aneas und Taranox kamen gemeinsam schon nach kurzer Zeit, obwohl der Morgen noch nicht dämmerte und die beiden sicherlich geschlafen hatten. Ihre Häuser, beide im Palastbezirk gelegen, waren nicht weit voneinander entfernt. Zu ihrem Schutz hatten die beiden einfach den Führer einer Truppe der Palastwachen bestochen und waren so in sicherer Begleitung unterwegs gewesen. Johann, Kufhar und Abdallah klopften wenig später kurz hintereinander an das Portal. Ein jeder von ihnen hatte einige bewaffnete Männer aus seinem eigenen Hause dabei. Menaprena, der den weitesten Weg hatte, wurde von Tizzhar, dem Schweigsamen, begleitet.

Ich selbst öffnete jedem Ankommenden die Türe, gab kurzen Bericht über das Vorgefallene und geleitete ihn dabei zum Badehaus, wo Sindbad es sich schon wohlergehen ließ.

Erst als alle eingetroffen waren, ging auch ich und legte im Vorraum meine Galabea auf einer marmornen Bank ab. Ein Sklave reichte mir ein dünnes, vorgewärmtes Tuch, das ich um meine Hüfte schlang, dann ließ ich mir die Tür ins Innere öffnen und trat in den von

Dampfschwaden erfüllten Raum. Es brauchte einige Augenblicke, bis sich meine Augen an das diffuse Licht gewöhnt hatten. Die buntfarbenen Kristallsteine, kunstvoll eingefügt in die hohen Kuppel, waren dunkel und funkelten nicht. Die Sonne war noch nicht über den Horizont gestiegen.

Sindbad war gerade dabei, den andern zu erzählen, woher der goldene Stab war, den er in das Steuer der Dshin hatte einsetzen lassen. Während seiner Erklärung deutete er auf ein Mosaik über einem der vielen Wasserspeier, aus denen heißes oder kaltes Wasser floss, das man sich mit bereitstehenden Schalen über Kopf und Körper gießen konnte.

Ich gesellte mich zu der Gruppe schwitzender Männer, setzte mich auf eine geheizte Granitbank, übergoss mich abwechselnd mit heißem und kaltem Wasser und hörte Sindbad zu, froh ihn wieder hier zu wissen.

„Wie ihr wisst", begann er und winkte nach einem Sklaven, der mit einem Krug Pfefferminztee bereitstand, „ging ich, nachdem ich in Saisuda von Ubdrael erfahren hatte, was ich wollte, zurück nach Sousse. Dort erreichte mich eure Nachricht, ich solle mich nach Syrakus aufmachen und dort auf weitere Botschaft von euch warten. Wie langsam doch die Brieftauben sind. Von Sousse nach Syrakus brauchte ich mit der Dshin gerade einmal eine Nacht.

Und dann musste ich warten, lange Tage und Nächte, bis endlich die Tauben aus Bagdad kamen, die mir das Bild des Horns brachten und eure Nachricht, dass ich mich nach Ravenna wenden soll. Es wäre möglich, so habt ihr mir geschrieben, dass Karl, der Kaiser der Franken, dort das Neujahrsfest der Christen feiern würde. In seinem Reichsschatz, den er immer bei sich führt auf

Reisen, würde ich das Horn der Erkenntnis finden."

„Und unsere Informationen waren richtig!" Aneas rieb sich die Hände und lachte verschmitzt wie ein kleiner Junge, dem ein Streich gelungen war. „Mach mal Platz", forderte er dann Abdallah auf, der auf dem Bauch ausgestreckt auf einer großen Granitplatte lag und sich von Kopf bis Fuß massieren ließ.

„Nachdem ich mir Seekarten besorgen konnte und mit einigen Kapitänen gesprochen hatte, die schon oft mit ihren Schiffen im Hafen von Ravenna waren, banden Tizzhar und ich die Dhsin von der Kaimauer in Syrakus los und stellten sie in den Wind", erzählte Sindbad weiter. „Es ist mehr als ein Wunder, mit der Dhsin in die Nacht hinein zu segeln und dabei zu spüren, wie sie immer schneller wird, wie sie sich fast erhebt aus dem Wasser und darüber zu schweben scheint, wie ein riesiger Albatros.

Doch die magische Kraft des goldenen Stabes wirkt nur von Sonnenuntergang bis zu dem Augenblick, wenn ihre ersten Strahlen wieder über den Horizont steigen. Gewaltige Entfernungen legten wir so in jeder Nacht zurück. Aber auch am Tage ist die Dhsin das schnellste Schiff, mit dem ich jemals unterwegs war.

Drei Tage nach dem Weihnachtsfest der Christen, warfen wir Anker und vertäuten uns in Classis, dem alten Hafen Ravennas. Doch dann rätselte ich, was ich tun sollte. Überall wo ich mich danach erkundigte, ob Kaiser Karl hier in Ravenna weile, stieß ich auf unwissendes Kopfschütteln und Schulterzucken oder auf eisiges Schweigen und kühle Ablehnung.

Bis zur Nacht, in der die Christen das neue Jahr begrüßen, irrte ich in Ravenna umher und wusste nicht, was ich noch tun könnte, um den Aufenthaltsort des

Frankenkaisers herauszufinden. Doch in jener Nacht erinnerte ich mich an den goldenen Stab, der in das Steuer der Dshin eingesetzt war.

'Er wird dich immer dorthin führen, wo du zu sein hast', hatte der Mann auf dem Berg in Saisuda gesagt, als er ihn mir reichte.

Warum war ich nicht schon früher auf diesen Gedanken gekommen?

Ich nahm den goldenen Stab aus dem Steuer der Dshin. Er prickelte in meiner Hand, und ganz deutlich fühlte ich, dass er mir eine Richtung zeigen wollte. Ich überließ mich seinem Willen und folgte ihm vom Hafen, hinein in die Stadt. Er führte mich sicher durch Gassen und über Plätze, durch ein altes Tor, das Porta Serrata genannt wurde, hin zu einem alten, kunstvoll erbauten Grabmal.

Dort wurde der goldene Stab in meiner Hand ruhig und warm.

Ein voller Mond stand hoch am Himmel. Doch in diesen nördlichen Breiten leuchtet er in kälterem Licht als über Bagdad, und mich fröstelte.

Einige Zeit stand ich unschlüssig vor dem großen Grabmal und wusste nicht, was das zu bedeuten hatte. Da trat ein gebeugter Mann aus einer Öffnung in dem Rund der Gruft. Gekleidet war er wie ein christlicher Pilger. Nur das Schwert, das er um seine Kutte gegürtet hatte, widersprach dem ersten Anschein. Mit ruhigen Schritten kam er auf mich zu und schaute mich neugierig an. Seine Augen waren vom durchscheinenden Blaugrün der nördlichen Meere, und noch bevor er etwas sagte, wusste ich, dass ich vor dem Frankenkaiser Karl stand, der mich hier zu erwarten schien und zu dem mich mein goldener Stab geführt hatte.

'Wer bist du', fragte er mich und seine Augen ließen mich nicht los. Eine Hand lag auf dem Knauf des Schwerts. 'Und was ist dein Begehr?'

Ich wusste Tizzhar irgendwo im Dunkel hinter mir und spürte keinerlei Furcht, als ich ohne zu zögern Auskunft gab. Ich erzählte von meiner Herkunft, weshalb ich mich auf die Reise gemacht hatte, und was ich hier in Ravenna bestrebt war, zu bekommen. 'Ich würde jeden Preis für das Horn der Erkenntnis bezahlen', sagte ich.

Der alte Mann lachte leise. 'Das Horn der Erkenntnis ist nicht verkäuflich!' stellte er dann fest. Nochmals sah er mich prüfend an. 'Ich bin der, den du suchst. Mein Astronom gab mir den Rat, zum Grabmal des großen Theoderich zu gehen. Auch er hatte einst das Horn der Erkenntnis in seinem Besitz.'

Der alte Kaiser der Franken versank in dumpfes Brüten und es dauerte einige Zeit, bis er weitersprach. 'Der Astronom prophezeite mir, dass ich noch in der heutigen Nacht zurückgeben müsste, was mir einst als Leihgabe vom Kalifen al-Mahdi, dem Vater meines Freundes Harun al-Raschid gesandt wurde. Mein Reich ist geordnet, meine Nachfolge geregelt. Das Horn der Erkenntnis hat mir dabei geholfen.'

Er trat so dicht vor mich, dass ich seinen warmen Atem auf meinen Wangen fühlte. 'Mir wurde zwar gesagt, dass das Horn eines Tages wieder von mir gefordert wird. Woher aber weiß ich, dass du tatsächlich derjenige bist, dem ich es weiterreichen soll?'

'Ich führe eine Zeichnung mit mir, die zeigt, nach welchem Horn ich suche', sagte ich und zog aus meiner Tasche das kleine Bild hervor, das mir die Brieftaube gebracht hatte.

Ich reichte es dem Kaiser.

Der nahm es und drehte sich ein wenig zur Seite, dem Mondlicht entgegen, um es zu betrachten.

'Du hast mir deinen Schatten verheimlicht, Sindbad', sagte er und lächelte. 'Ich habe ihn wohl bemerkt. Er soll seine Waffe einstecken. Er wird sie nicht brauchen. Dies ist tatsächlich das Horn Olifant, welches ich in meinem Schatz bei mir führe.'

Er nahm das Bild an sich und steckte es ein. Dann winkte er mit einer kurzen Handbewegung.

Aus der Tür zum Grab Theoderichs kamen zwei gerüstete Ritter, mit mächtigen Schwertern. Einer von ihnen hielt eine Tasche in Händen, die er dem Frankenkaiser mit einer Verbeugung reichte.

'So soll sich die Vorhersage heute Nacht erfüllen', sagte Karl, der Kaiser der Franken. 'Diese Tasche birgt das Horn der Erkenntnis, welches mir einst Haruns Vater sandte. Ich gebe es weiter an dich. Bewahre es gut, bis zu jenem Tag, an welchem jemand zu dir kommt und es für eine neue Aufgabe fordert. Mir hat dieses Horn Frieden gebracht und eine Einigung der Völker. Möge es dir auf seine Weise dienlich sein.'

Der Kaiser der Franken, der hier, am Grabmal Theoderichs, gekleidet war wie ein einfacher Pilger, reichte mir die Tasche.

'Nun geh', sagte er und neigte sein Haupt zum Gruß. 'Vollbringe, was du dir vorgenommen hast.'

Noch in der selben Nacht legten wir ab und setzten alle Segel auf der Dshin, um so schnell als möglich nach Bagdad zurückzukehren.

So kam ich in den Besitz des Horns der Erkenntnis."

Sindbad leerte den Becher mit Pfefferminztee, den er neben sich, auf einen kleinen, runden Tisch gestellt hatte.

„Lasst uns einen Mokka trinken oder etwas Kühles", brummte Kufhar, der sich während Sindbads Erzählung von den heilenden Händen eines chinesischen Sklaven hatte durchkneten lassen.

„Nicht mehr lange und es wird Tag", bekräftigte Taranox und erhob sich von seiner beheizten Bank, auf der er gelegen war. „Wir wollten, dass du nicht alleine bist, Sindbad, wenn die aufgehende Sonne zeigt, ob Osira geheilt ist. Deswegen sind wir alle gekommen, noch in der Nacht."

Sindbad umarmte ihn schweigend.

Gemeinsam gingen wir in den Vorraum des Badehauses, wo um das eisigkalte Wasser einer Quelle eine Sitzgruppe aus Marmor stand, die mit weichen Kissen und Decken gepolstert war. Die Kohle auf dem Tabak der Wasserpfeifen glühte bereits und die dünnen Porzellantassen mit dampfendem Mokka standen schon bereit. Sklaven huschten umher und reichten Obst und süßes Gebäck.

Wir saßen mit Blick auf den Garten und sahen schweigend rauchend und trinkend zu, wie der Himmel im Osten Bagdads, weit jenseits des Tigris, langsam in eisblauem Weiß zu flimmern begann. Die Sonne stieg über den Horizont und ihre ersten Strahlen verfingen sich funkelnd in den Spitzen der hohen Minarette. In den Straßen und Gassen darunter war es noch dunkel und all diejenigen, die das Licht des neuen Tages scheuten, eilten sich, dorthin zu kommen, wo sie sich verbergen konnten.

„Die Sonne steigt empor." Sindbad erhob sich. „Ich werde zu Osira gehen."

Dort öffnete er alle Fenster in Osiras Schlafraum, die nach Osten hin zeigten.

Danach befahl er Tawaddud, ihn und seine Frau alleine zu lassen.

Tawaddud war zu uns gekommen. Wir saßen schon einige Zeit und genossen die Künste Omsars, der uns mit allerlei Gaumenfreuden verwöhnte und die Zeit verkürzte, während wir auf Sindbad warteten und darauf, was geschehen war.

Doch uns war nicht nach anregenden Gesprächen. Wir waren schweigsam, hingen unseren Gedanken nach und hofften.

Die Sonne war inzwischen fast in ihrem Zenit, und das unendliche Blau des Himmels leuchtete wie ein großes Versprechen.

Es war Mittag, als sich die Türen endlich öffneten.

Sindbad trat herein. In seinem Arm hielt er Osira. Sie schien noch ein wenig schwach, doch sie lächelte so voller Freude und Frieden, dass für uns alle die Sonne nochmals aufging.

„Ich habe Hunger", sagte sie.

Madinat as-Salam, nun bist du wieder zu einer Stadt des Friedens geworden. Nichts gleicht deinem süßen Duft, wenn die warmen Winde des Frühjahrs von Süden her, den Tigris herauf, die Knospen der Pflanzen zum Platzen bringen und manchmal über Nacht ein Baum in voller Blüte steht.

Wundersames geschah in deinen Mauern in jener Nacht, als Sindbad das Horn der Erkenntnis an Osiras Lager blies.

Unbemerkt und ohne irgend jemanden davon zu informieren, nahm der Kalif von Bagdad, al-Amin, seinen Sohn mitten in der Nacht aus der Wiege. Es wird berichtet, der Kalif hätte plötzlich die Augen geschlossen und wäre mitten im Gespräch verstummt. Danach habe er einen Schrei ausgestoßen, sich die Ohren zugehalten und sei aus dem Raum gestürzt.

Al-Amin wurde von den Truppen General Tahirs gefangen genommen, als er versuchte, aus seiner belagerten Stadt zu entkommen. Nur sein kleiner Sohn, ein Vertrauter und zwei bewaffnete Reiter waren bei ihm.

Noch bevor die Sonne aufgegangen war am nächsten Tag, hatte Tahir sein Urteil über al-Amin und seine Begleiter gesprochen. Sie starben durch das Schwert des Scharfrichters vor den Augen seiner Streitmacht und der gaffenden Zuschauer auf Bagdads Mauern. Al-Amins Kopf wurde den Hunden zugeworfen und sein Körper von galoppierenden Pferden in die Wüste geschleift.

Al-Ma'mun, der Zweitgeborene Harun al-Raschids, zog drei Tage später in Bagdad ein und erfüllte so das Testament seines Vaters, welches bestimmt hatte, dass er nach al-Amins Tod das Kalifat antreten sollte.

Schon nach kurzer Zeit wurde er achtungsvoll mit dem Beinamen, der Gelehrte angesprochen.

Sindbad der Seefahrer schenkte das Horn der Erkenntnis dem neuen Kalifen von Bagdad, al Ma'mun, damit er es für seine Herrschaft nutzen konnte.

An wen dieser das Horn der Erkenntnis weitergab, ist nicht überliefert.

Doch in den Westen, von wo es Sindbad geholt hatte, kehrte es erst nach einer langen, dunklen Zeit zurück.

Osira, so wird im Frauenhaus getuschelt, trägt neues Leben in sich.

Ein mächtiger, zeitloser Sagenkreis!

Roland Kübler

Die Sagen um Merlin, Artus und die Ritter der Tafelrunde

320 Seiten · illustriert
ISBN 3-926789-01-8

.Roland Kübler schafft es, die älteste Überlieferung des Grals-
Mythos zu einem spannenden Buch zusammenzufassen, das
den, auch bezüglich Gralsfragen unerfahrenen Leser, nicht
mehr losläßt, fesselt bis zur letzten Seite.
(LebensART)

Das Märchenbuch mit dem Edelstein!

Roland Kübler
DIE MONDSTEINMÄRCHEN

100 Seiten · illustriert · mit Opal
ISBN 3-926789-02-6

Der alte Märchenerzähler Oyano kehrt mit seiner Schülerin
Gwen heim in die Stadt am Meer. Vieles hat sich in der Zeit
seiner Abwesenheit verändert. Obwohl der Reichtum der
Bewohner zugenommen hat, leiden die Menschen unter der
Herrschaft des neuen Regenten. Mit der Kraft der Märchen ver-
sucht Oyano seine Stadt von dem Tyrannen zu befreien...